TÉCNICAS DE EXPRESIÓN ESCRITA

SABER REDACTAR 1

DESCRIBIR Y NARRAR

GUILLERMO HERNÁNDEZ / CLARA RELLÁN

SOCIEDAD GENERAL ESPAÑOLA DE LIBRERÍA, S.A.

SGEL

Primera edición, 2008

Produce: SGEL – Educación
Avda. Valdelaparra, 29
28108 Alcobendas (MADRID)

Diseño de cubierta: Alexandre Lourdel
Maquetación: SAI, Comunicación y Marketing
Ilustraciones: Carlos Fernández
Fotografías: Cordon Press, Getty Images

ISBN: 978-84-9778-394-1
Depósito legal: M-13355-2008
Printed in Spain – Impreso en España

Impresión: Gráficas Rogar, S. A.

Contenido

Reflexiones previas

No cabe duda de que *se aprende a escribir escribiendo*. Por eso te proponemos en este cuaderno una serie de actividades que te van a permitir redactar textos descriptivos de modo coherente, correcto y expresivo.

La descripción es una forma del discurso que normalmente aparece unida a la narración: en el relato, junto al desarrollo de la acción –sucesión de hechos o acontecimientos que realizan o sufren los personajes– se describen, normalmente, los escenarios y los propios personajes. Esta es la razón de que titulemos este cuaderno DESCRIBIR Y NARRAR.

Como punto de partida, lee con atención las siguientes reflexiones:

>>>>>> La lengua oral y la lengua escrita son realidades distintas

La lengua hablada es el modo natural de comunicarse el ser humano, y la escritura es una forma sustitutiva, en la que se reproducen los sonidos mediante letras y, con los signos de puntuación, la entonación y las pausas de la lengua oral.

No obstante, hemos de entender con claridad que hablar y escribir son actividades diferentes:

- La **lengua oral** se aprende de manera espontánea; mejor o peor, todo el mundo sabe hablar para entenderse con los demás; la **lengua escrita**, en cambio, requiere aprendizaje y estudio.
- Al **hablar** se cometen abundantes incorrecciones, se utilizan escasas palabras y muchas veces ni siquiera se rematan las frases... Los gestos, la expresión del rostro, el tono y la situación comunicativa suplen las deficiencias del lenguaje oral. El **escribir** es una actividad mucho más difícil: sólo contamos con palabras, y ello obliga a poner en juego todos los conocimientos del idioma y a aplicarlos correctamente.

>>>>>> Se aprende a escribir mediante modelos y pautas

Al igual que se aprende a hablar en la infancia imitando a los demás, del mismo modo se aprende a escribir mediante modelos. Por eso, a lo largo de este cuaderno, vas a seguir el mismo método o procedimiento para practicar la redacción:

Lectura y análisis de textos modelos

↓

Actividades de enriquecimiento léxico

↓

Propuesta de una redacción mediante pautas

Quizás hayas escuchado la expresión *una imagen vale más que mil palabras*, y es evidente que la televisión, el cine y la lectura de historietas gráficas o tebeos ocupan gran parte del ocio y entretenimiento de la juventud. Pero estos medios nunca deberán sustituir la lectura de libros, periódicos o revistas, imprescindibles para la formación intelectual y para el desarrollo de la expresión verbal. Con el fin de tender puentes entre unos y otros medios de comunicación, en este cuaderno vas a leer y analizar textos literarios, al mismo tiempo que proponemos tebeos y viñetas, sugerentes para realizar muchas redacciones.

>>>>>> El texto escrito es un producto que requiere diversas operaciones que deben secuenciarse convenientemente

Ya en la Antigüedad se fijaron un pasos en el método de componer textos, es decir, de redacción, que se concretan en los siguientes puntos:

INVENCIÓN	DISPOSICIÓN	ELOCUCIÓN	CORRECCIÓN
Búsqueda de ideas, de información; o sea, concretar *qué se va a decir.*	Ordenación de esas ideas, de esa información: confeccionar *el guión*.	Redacción propiamente dicha siguiendo los puntos fijados en el guión.	Conseguir llegar a una redacción definitiva, *con calidad,* a través de sucesivas versiones y correcciones del texto.

>>>>>> Respeta la norma idiomática y cuida la corrección ortográfica

Debes conocer y aplicar la normativa del idioma, tanto en la construcción oracional como en la corrección ortográfica. Por eso te recomendamos el uso constante del diccionario para resolver tus dudas de escritura de letras, e incluimos en el **Apéndice**, al final de este cuaderno, las reglas de acentuación, de uso de la mayúscula inicial y de los signos de puntuación.

Recuerda siempre que la limpieza del escrito y su ortografía son como la tarjeta de presentación ante la persona a la que diriges el texto.

>>>>>> Debes ir conociendo tus progresos mediante la *autoevaluación*

Para ello, sigue las pautas que se señalan. Al finalizar este cuaderno, te proponemos la redacción de un cuento. Si eres capaz de crear un texto de interés, coherente, adecuado y correcto, habrás conseguido el éxito en tu trabajo.

>>>>>> Iconos orientativos

Finalmente, ten en cuenta algunos signos de interés, que aparecen en el margen y que deben servirte de guía:

Este icono significa que debes consultar el **Solucionario** para comprobar si has redactado bien la actividad. Si algún ejercicio te resulta muy difícil, puedes consultarlo antes, pues lo importante es que sepas realizarlo.

Suele aparecer en la lectura y análisis de textos modelos con el fin de facilitarte su comprensión.

El diccionario debes tenerlo siempre en tu mesa de trabajo para poder consultarlo con frecuencia y de una manera cómoda; no obstante, las actividades que tienen este icono exigen su consulta. Recuerda que tu competencia lingüística, es decir, tu dominio del idioma se debe especialmente al conocimiento del léxico, al significado de las palabras.

1 Calidad del texto escrito

1 Cada día se habla más de calidad de vida, de calidad de los alimentos, de calidad del sonido... También los textos deben tener calidad. Así, decimos que la expresión oral tiene calidad cuando es adecuada, coherente y correcta; cuando se emplean términos precisos y la pronunciación apropiada y expresiva.

>>>>>> Observa la calidad de estos escritos:

Lepe, 10 de julio de 2010

Hola:

Estoy pasando unos dias en la Antilla la Playa de Lepe, mi padre dice que a merecido la pena desplazarnos tantos kilómetros para veranear en una zona tan bonita, la playa es immensa, la gente amable, y del ambiente no te digo. El jueves pasado visitamos doñana, un parque natural unico, y tuvimos muchas suerte porque estaba la marisma llena de agua y de flamencos, lo recorrimos en un ~~todo terreno~~ todoterreno y lo que mas nos gustó fueron las dunas moviles en las que la arena de la playa arrastrada por el viento se va comiendo el pinar hasta llegar al Guadalquivir que de nuevo la lleva al mar. Espero verte en Agosto porque me ~~imajino~~ imagino que algo tendras que estudiar como yo. Un beso.

Sallent de Gállego, 20 de julio de 2010

Hola: Este año te echamos de menos, sobre todo tus chistes e historias. Seguimos haciendo las excursiones de todos los años: subimos a la montaña y alquilamos caballos. Además, han abierto una escuela de piragüismo en el pantano de Escarrilla y mi hermano y yo bajamos tres días por semana a practicar.

¿Te acuerdas de aquella niña rubita, de ojos azules, delgadita y tan simpática que te gustaba? Ha venido con sus abuelos. Ya no es tan rubia, ni tan delgadita, ni tan agradable. Este año está muy chulita, te mira por encima del hombro, y ya no le gusta la bicicleta, ahora tiene moto. Puedes olvidarte de ella, porque le gustan ya los chicos mayores.

Te veré en agosto, también yo tengo que estudiar. Un beso.

>>>>>> Evalúa la calidad de uno y otro texto, justificando tu elección y atendiendo a los siguientes aspectos.

- En cuanto al **contenido**:

❑ *¿Está bien estructurado en párrafos?* ______________________

____

____

❑ *¿Las oraciones son complejas y extensas, o sencillas y precisas para que las ideas estén expuestas con claridad?* ______________________

____

____

- En cuanto a la **forma**:

❑ *¿Está bien distribuido el texto en el papel: se respetan los márgenes, los espacios, etc.?*

❑ *¿Está limpio el texto, sin borrones ni tachaduras?*

❑ *¿La letra es legible? ¿Qué letras observas mal escritas?*

❑ *¿Existen incorrecciones: faltas de concordancia o de ortografía, empleo inadecuado de nexos...?*

2 Para que tus trabajos tengan calidad, has de observar lo siguiente:

Contenido	Forma
– Presenta tus trabajos bien estructurados: presentación, desarrollo y conclusión. Para ello debes seguir un guión previo. – Distribuye el contenido en párrafos. Cada párrafo ha de desarrollar una idea principal o secundaria. – Construye los párrafos con oraciones sencillas, claras y precisas. Procura que no sean ex tensas: no sobrepasen los dos o tres renglones. – Emplea palabras cuyo significado conozcas. En otro caso, puede que las frases no tengan sentido.	– Cuida la corrección gramatical: la construcción oracional, la concordancia, el uso preciso de nexos... – Utiliza sinónimos para evitar repeticiones innecesarias de palabras. – Revisa la ortografía. – Escribe con letra legible y evita tachaduras. – Distribuye convenientemente el texto en el papel: respeta los márgenes y deja las sangrías que permiten diferenciar los párrafos. – No te tuerzas al escribir en una hoja sin rayas. Si es necesario, emplea una falsilla hasta que te habitúes.

>>>>>> **Escribe de nuevo la carta de Ramón, evitando los errores que has observado:**

1.1 Organización del texto: el guion y el párrafo

3 En todo escrito, incluso sencillo como una carta o una nota, el discurso debe seguir un orden que responda a una organización previa: el **guión**. En el guión han de quedar reflejados los apartados del escrito; así, en una carta, la fecha, el saludo, el cuerpo de la carta y la despedida.

En la exposición de un tema el guión se ajusta al esquema siguiente:

- La **introducción** ha de ser breve, pero necesaria porque sitúa al lector desde el primer momento en el tema.
- El **desarrollo** o cuerpo del escrito ha de contener todos los datos que se quieren exponer.
- El final o **conclusión** también ha de ser breve y debe resumir lo expuesto en la introducción y en el cuerpo del escrito.

En el relato también se observan tres partes importantes:

- **Planteamiento** del hecho que da lugar a la acción: ¿dónde sucedió?, ¿qué ocurrió?, ¿a quiénes?...
- **Desarrollo de la acción**: los acontecimientos que constituyen la historia que se cuenta.
- **Desenlace**: ¿cómo termina?

>>>>>> **Lee con atención el texto siguiente. Ten en cuenta que hemos suprimido la separación en párrafos, que eligió su autor:**

Los campos del tío Barret

Pero aquella mañana, Pepeta, influida por su reciente encuentro, se fijó en la ruina y hasta se detuvo en el camino para verla mejor. Los campos del tío Barret, o mejor dicho para ella, «del judío don Salvador y sus descomulgados herederos», eran una mancha de miseria en medio de la huerta fecunda, trabajada y sonriente. Diez años de abandono habían endurecido la tierra, haciendo brotar de sus olvidadas entrañas todas las plantas parásitas, todos los abrojos que Dios ha criado para castigo del labrador. Una selva enana, enmarañada y deforme se extendía sobre aquellos campos, como un oleaje de extraños tonos verdes, matizado a trechos por flores misteriosas y raras, de esas que sólo surgen en las ruinas y los cementerios. Bajo las frondosidades de esta selva minúscula y alentados por la seguridad de su guarida, crecían y se multiplicaban toda suerte de bichos asquerosos, derramándose en los campos vecinos: lagartos verdes de lomo rugoso, enormes escarabajos con caparazón de metálicos reflejos, arañas de patas cortas y vellosas, hasta culebras, que se deslizaban a las acequias inmediatas. Allí vivían, en el centro de la hermosa y cuidada vega, formando mundo aparte, devorándose unos a otros; y aunque causasen algún daño a los vecinos, éstos los respetaban con cierta veneración, pues las siete plagas de Egipto parecían poca cosa a los de la huerta para arrojarlas sobre aquellos terrenos malditos.

VICENTE BLASCO IBÁÑEZ, *La barraca*

>>>>>> **En el contenido del texto, lo que se dice, observamos tres partes:**

En la primera nos presenta al personaje, Pepeta, que va a observar el paisaje.

Después describe lo que ve Pepeta ..... (continúa tú)

4 El **párrafo** es una unidad de contenido, en cuanto que desarrolla una parte de lo que se dice en el texto mediante una o varias oraciones. Pero también tiene importancia formal: comienza con una sangría —un mayor margen— y termina en punto y aparte.

>>>>>> **En el texto anterior el autor empleó tres párrafos. Señala dónde se situarían los puntos y aparte para diferenciarlos y explica la razón.**

5 **Las oraciones en el párrafo**. Como habrás observado al leer cuentos y novelas, la extensión del período oracional —fragmento del discurso que separamos por puntos— varía de unos a otros. En los escritores constituye un rasgo de estilo, de su modo particular de utilizar el idioma; sin embargo, escribir con oraciones extensas requiere una pericia que seguramente tú ahora no tienes. Por eso, en tus escritos debes emplear oraciones breves: que no sobrepasen dos o tres renglones de tu cuaderno.

>>>>>> **Observa cómo podríamos emplear oraciones breves en la última parte del texto de Blasco Ibáñez:**

Bajo las frondosidades de esta selva minúscula y alentados por la seguridad de su guarida, crecían y se multiplicaban toda suerte de bichos asquerosos, derramándose en los campos vecinos. Había lagartos verdes de lomo rugoso...

>>>>>> **Continúa tú, empleando oraciones más cortas.**

1.2 La forma: caligrafía

6 Debes esmerarte en emplear siempre una letra clara y legible, no "bonita".

Copia en letra minúscula y con la mayor claridad que puedas los textos siguientes. Recuerda que has de respetar el uso de la mayúscula inicial después de punto:

"LA LETRA CON SANGRE ENTRA", SE DECÍA HACE ALGUNOS AÑOS.

SU SIGNIFICADO ERA MUY CLARO: EL ESFUERZO Y EL CASTIGO DE LA PEREZA ERAN REMEDIOS EFICACES PARA TODO APRENDIZAJE.

PERO HOY SE PREFIERE OTRO DICHO POPULAR: "MÁS SE CONSIGUE CON MIEL, QUE CON HIEL". ES DECIR, LAS PERSONAS SON MÁS EFICACES CUANDO SE LAS TRATA CON AMABILIDAD Y DULZURA QUE SI SE LES OBLIGA CON PALABRAS DESABRIDAS.

AHORA BIEN, TODO TRABAJO EXIGE ESFUERZO Y, POR TANTO, HAY QUE SEGUIR EL REFRÁN "A DIOS ROGANDO Y CON EL MAZO DANDO". Y ANTE EL TRABAJO QUE TIENES QUE REALIZAR, "MÁS VALE MAÑA QUE FUERZA", O SEA, QUE TODA ACTIVIDAD REQUIERE UNA TÉCNICA QUE HAY QUE EJERCITAR PARA CONSEGUIR, CON EL MENOR ESFUERZO, EL OBJETIVO QUE SE PERSIGUE.

ASÍ QUE EN ESTE CUADERNO VAS A APRENDER A DOMINAR LA REDACCIÓN DE MANERA AMENA Y SIN EXCESIVA DIFICULTAD.

7 Cada uno de nosotros tiene "sus letras", pero estas letras han de leerlas otras personas y ello exige escribir con unas grafías fácilmente identificables.

>>>>>> **Observa el abecedario e intenta imitar la forma de estas letras.**

A B C Ch D E F G H I J K L Ll M N Ñ O P Q R S T U V W X Y Z

a b c ch d e f g h i j k l ll m n ñ o p q r s t u v w x y z

8 Para realizar muchas actividades de nuestra vida, debemos respetar una serie de normas.

>>>>>> **Copia las letras, respetando las normas que se indican:**

- El tamaño de las letras debe ser parecido y ni excesivamente grande, ni demasiado pequeño.

  a c e i m n ñ o r s u v w x z

- Cuando tienen un "rabito", ha de ser de doble altura que las letras que no lo tienen.

  b ch d f g h j k l ll p q t y

- Deben diferenciarse bien unas letras de otras:

a e i o	a e i o	a e i o	a e i o
a e i o			
m n u	m n u	m n u	m n u
m n u			
g p q	g p q	g p q	g p q
g p q			

r s z	r s z	r s z	r s z
r s z			
b d h	b d h	b d h	b d h
b d h			
ch k t	ch k t	ch k t	ch k t
ch k t			

- Tienes que habituarte a escribir unidas las letras de cada palabra. Con ello, adquirirás la rapidez necesaria para tomar notas y apuntes en clase. Observa y copia.

No dejes para mañana lo que puedas hacer hoy.

El artista nace, pero también se hace con esfuerzo, constancia y trabajo.

9 Autoevaluación

PARA HACER EN TU CUADERNO

- Observa tu cuaderno de trabajo y anota los defectos que cometes al escribir las letras y que vas a evitar de ahora en adelante.

2 Describir y narrar

10 Cuando hablamos o escribimos, realizamos diversas actividades: informar, explicar, rogar, disculpar, intentar persuadir... Para ello nos servimos de las diferentes formas del discurso.

- **Descripción.** Se emplea para presentar objetos, personas, lugares y sentimientos, indicando, en la medida de lo posible, los detalles concretos. Por eso se suele decir que *describir es pintar con palabras*.
- **Narración.** Sirve para contar una historia, un suceso o una serie de sucesos, que ocurren a unos personajes en una secuencia temporal.
- **Exposición.** Se utiliza para presentar y explicar ideas, aclarar los fines y mostrar la organización del texto.
- **Argumentación.** Se emplea para presentar hechos, problemas y razonamientos de acuerdo con una opinión, que normalmente es la del autor.

En el **diálogo**, el escritor da voz a unos personajes para que ellos describan, narren, expongan y argumenten.

Estas formas del discurso pueden darse puras, pero lo más frecuente es que se mezclen, y así encontremos textos descriptivo-narrativos, expositivo-argumentativos, etcétera. Aquí vamos a aprender a redactar textos **descriptivos** y **narrativo-descriptivos**, en los que, a veces, aparece también el diálogo de los personajes.

>>>>>> **Lee con atención el siguiente relato:**

EL NIÑO PERDIDO

La Casa del Niño era muy grande, vista por ojos pequeños. A ella llevaron los guardias una mañana temprano a un niño gordito, morenucho, con los ojos más verdes que el mar. Lo habían encontrado solito en mitad de la Alameda, expuesto al peligro de tranvías y automóviles.

—¿Cómo te llamas, hijo?

—Paco —contestó con inesperado vozarroncillo simpático.

Avisaron a la comisaría del hallazgo y paradero del niño. Cuando llegó el mediodía ingresó con todos los que acudían a los comedores, y se instaló en una mesita con flores, ensaladeras alargadas por lechugas y uvas espléndidas junto a los platos de carne con patatas.

Comió Paco, ¡vaya si comió! En el momento en que tenía más hinchados los carrillos sintiose revuelo en el patio.

—Ahí está la madre —anunciaron.

Apareció, llorosa, una mujer de pelo negro y ojos claros, como los del niño. Una amiga la sostenía en su angustia.

—Aquí tiene usted a su hijo desde las ocho de la mañana.

—¡Paco!

El chiquillo levantó la mirada, tranquila. Oyó que su madre refería entre sollozos: «Cuando me fui a lavar me lo dejé en la puerta. Debió venirse detrás de mí y luego se perdió».

Tanto lloraba la mujer que el probrecito Paco se decidió a imitarla; en una mano, el pan; en la otra, un gran trozo de queso.

Entonces lo besó mucho su madre, lo abrazó, y se fueron juntos... Comiendo él, limpiándose las lágrimas ella.

CARMEN CONDE, *Júbilos*, Ed. Everest

>>>>>> Resume en cuatro o cinco líneas el argumento, es decir, los hechos que constituyen la acción del relato. Puedes empezar así:

Un niño se ha perdido y es llevado por la policía a la Casa del Niño.

>>>>>> Subraya en el texto los elementos descriptivos y completa el cuadro siguiente:

Qué se describe	Cómo es
— Casa del Niño	— *muy grande*
— Niño	— *gordito, morenucho, con los ojos más verdes que el mar*

2.1 La situación comunicativa

11 Los textos en general, y el relato en particular, se producen en situaciones de comunicación en las que:

- un emisor, hablante o escritor
- produce un texto, un relato, una historia
- para un receptor, oyente o lector
- en un marco social determinado: relaciones interpersonales *(una carta, postal, nota...)*, los medios de comunicación (periódicos, revistas...), relaciones con las empresas o con las administraciones públicas *(contratos, instancias...)*, el mundo de la ficción literaria *(novelas, cuentos, poemas...)*, etcétera.
- con una finalidad: entretener, informar, convencer, pedir, reclamar...

>>>>>> **Lee y observa:**

a

EL MÁS PEQUEÑO

Es el más pequeño de todos, el último.
Pero no le digáis nada; dejadle que juegue.
Es más chico que los demás, y es un niño callado.
Al balón apenas si puede darle con su bota
[pequeña.
Juega un rato y luego pronto le olvidan.
Todos pasan gritando, sofocados, enormes,
y casi nunca le ven. Él golpea una vez,
y después de mucho rato otra vez,
y los otros se afanan, brincan, lucen, vocean.
La masa inmensa de los muchachos, agolpada,
[rojiza.
Y pálidamente el niño chico los mira
y mete diminuto su pie pequeño,
y al balón no lo toca.
Y se retira.

VICENTE ALEIXANDRE

b

PARADOR DE JARANDILLA DE LA VERA

CASTILLO-PALACIO MEDIEVAL DEL SIGLO XV

En el centro del vergel de la Vera y el Tiétar, entre gargantas de agua, piscinas naturales, bosques de castaños y robledales y paisajes naturales de inusitada belleza que reafirman la riqueza de su entorno histórico y monumental, se cobija este castillo-palacio que durante meses fue morada de un ilustre huésped: el Emperador Carlos V.

De su exterior destacan los torreones, el patio de armas y su excelente piscina, con olivos y naranjos. En su interior, sus salones con chimenea, y sus habitaciones, recientemente redecoradas, podremos encontrar un ambiente de tranquilidad e intimidad.

C

>>>>>> **Completa ahora el cuadro siguiente:**

Texto	Emisor y receptor	Marco social	Finalidad
A	*Es un poema. El emisor, autor, es el poeta Vicente Aleixandre. El receptor es cualquier persona que lee o escucha el poema y lo entiende.*	*Pertenece al mundo de la ficción literaria.*	*Persigue conseguir que los lectores u oyentes sientan la emoción que el poeta quiere transmitir: el esfuerzo e interés del niño pequeño para integrarse con los mayores en el juego.*
B			
C			

12 Imagínate que quieres dar a conocer tu pueblo, barrio o ciudad. Redacta un texto sugerente destacando sus aspectos más interesantes. No te olvides de datos importantes:

- Dónde está situado y cómo se puede llegar.
- Qué lugares hay que visitar: iglesias, castillos, palacios, paisajes...
- Dónde puede alojarse el viajero para dormir.
- Qué sitios hay para comer y qué platos típicos recomendarías.

2.2 La descripción: modelos y pautas

13 La descripción se emplea para presentar objetos, personas, lugares y sentimientos, indicando, en la medida de lo posible, los detalles concretos. Por eso, se suele decir que *describir es pintar con palabras*.

>>>>>> Lee y observa:

a

De las aves que conozco, el cárabo es —aparte la gaviota reidora— la única que tiene la propiedad de reírse: una carcajada descarada, **sarcástica**, un poco **lúgubre**, un "juuuj-ju-juuuuuj" agudo y siniestro que le pone a uno los pelos de punta. Parece ser que estas risotadas del cárabo están relacionadas, en cierto modo, con el celo y la procreación, ya que, después de la puesta, su canto se dulcifica y aquellas carcajadas, aunque se siguen produciendo, no es tan fácil escucharlas.

El cárabo es rapaz de noche, hábil cazador, cabezón, ligero y, a diferencia de otras aves nocturnas, como el búho o el **autillo**, desorejado, con un cráneo redondeado y liso. Color castaño **moteado**, pico curvo amarillo-verdoso y con unos discos grises o rojizos alrededor de los ojos que le dan la apariencia de una viejecita con gafas, **escéptica** y **cogitabunda**, el cárabo no tiene las pupilas amarillas como el resto de las rapaces nocturnas, sino marrones oscuras o negras. Semejante a un pequeño tronco de árbol debido a su plumaje **mimético**, al cárabo, cuando se inmoviliza de día en el interior del bosque, es difícil distinguirlo, parece una rama más. Pero, en ocasiones, las pequeñas avecillas lo descubren y, entonces, se arma en torno suyo una algarabía de mil demonios, con pitidos y silbidos de todos los matices, atemorizados intentos de agresión, etc.; pero el cárabo suele permanecer impasible, indiferente, como si la cosa no fuera con él. La tropa menuda del bosque siente hacia este pájaro una suerte de fascinación, mezcla de odio y pánico, fascinación semejante a la que experimentan las águilas y los **córvidos** hacia el búho gigante o Gran Duque, de la que se vale arteramente el hombre para cazarlos.

MIGUEL DELIBES, ***Tres pájaros de cuenta***, **Ed. Miñón**

sarcástica: burlona; **lúgubre**: triste; **autillo**: ave rapaz de pequeño tamaño; **moteado**: con motas, con partes de diferente color; **escéptica**: incrédula, que no se fía de nadie; **cogitabunda**: pensativa; **mimético**: que imita el color de los árboles; **córvidos**: aves de la familia de los cuervos.

b

Muchos años después había de recordar aquella tarde remota en que su padre lo llevó a conocer el hielo.

Al ser destapado por el gigante, el cofre dejó escapar un aliento glacial. Dentro sólo había un enorme bloque transparente, con infinitas agujas internas en las cuales se despedazaba en estrellas de colores la claridad del crepúsculo. Desconcertado, sabiendo que los niños esperaban una explicación inmediata, José Arcadio Buendía se atrevió a murmurar:

—Es el diamante más grande del mundo.

—No —corrigió el gitano—. Es hielo.

José Arcadio Buendía, sin entender, extendió la mano hacia el témpano, pero el gigante se la apartó. "Cinco reales más por tocarlo", dijo. José Arcadio Buendía los pagó, y entonces puso la mano sobre el hielo, y la mantuvo por varios minutos, mientras el corazón se le hinchaba de temor y de júbilo al contacto del misterio. Sin saber qué decir pagó otros diez reales para que sus hijos vivieran la prodigiosa experiencia.

GABRIEL GARCÍA MÁRQUEZ
***Cien años de soledad*, Ed. Origen**

C

DECATHLON

V300 HOMBRE Y MUJER

"La comodidad de un botín semiflexible"

- **Creado para:** Iniciación al roller, para paseos familiares travesías cortas.
- **Comodidad:** Botín semiflexible.
- **Sujeción y seguridad:** Hebilla de ajuste del tobillo, strap de sujeción del empeine, refuerzos laterales.
- **Manejabilidad:** Chasis corto de poliamida reforzado.
- **Calidad de desplazmiento:** Ruedas de PU fundido 76 mm 78A y rodamientos 608ZZ ABEC3 para una velocidad moderada.

Cód.: 5262281 (Hombre), 5262273 (Mujer).

PVP: **29'90€**

>>>>>> **¿Qué aspectos ha observado Miguel Delibes en la descripción del cárabo?**

En primer lugar, la forma de reírse; después describe.

>>>>>> **¿Qué caracteres del hielo ha seleccionado Gabriel García Márquez?**

>>>>>> **¿Qué otros aspectos del hielo podría haber señalado?**

>>>>>> **¿Qué orden se sigue en el anuncio de los patines y qué características se destacan?**

14

Recursos lingüísticos de los textos descriptivos. Los más característicos son:

- **Formas verbales.** Abundan las formas verbales del presente y del pretérito imperfecto de indicativo. Mediante el presente se imprime una visión intemporal de los caracteres de los seres que se describen; el pasado, sin embargo, circunscribe esos caracteres a un determinado período temporal.
- **Predominio de sustantivos y adjetivos.** En los textos descriptivos interesan las cosas y sus propiedades o características, por lo que ha de predominar el uso de sustantivos y adjetivos sobre las acciones expresadas por los verbos.
- **Predominio de estructuras yuxtapuestas y coordinadas.** Con la yuxtaposición se logra dar simultaneidad a las impresiones recibidas; la coordinación imprime dinamismo a la descripción, en cuanto que introduce la sucesión de sus distintos componentes.
- **Figuras literarias.** En la descripción subjetiva, puesto que se trata de comunicar una visión personal de la realidad que se pretende describir, es explicable que el autor emplee figuras literarias. Entre ellas, la comparación, la metáfora y la personificación aparecen con más frecuencia.

>>>>>> Analiza los recursos lingüísticos en el texto de Delibes

- Verbos: *tiene, pone, parece ser*
- Nombres y adjetivos: *una carcajada descarada, sarcástica*
- Comparaciones: *le dan la apariencia de una viejecita con gafas*

>>>>>> **Recuerda los pasos que has de seguir al describir:**

OBSERVACIÓN	SELECCIÓN	ORDENACIÓN	REDACCIÓN
Para poder hablar de las cosas y sentimientos hay que observarlos y conocerlos.	Si la descripción es objetiva, se selecciona lo que refleje fielmente el objeto; y, si es literaria, se atenderá principalmente a las impresiones y emociones del observador.	Al observar se obtienen muchos datos de golpe, al mismo tiempo, pues se puede recibir información por varios sentidos a la vez; pero al exponerlos se debe seguir un orden: espacial —de izquierda a derecha, de arriba a bajo—; de lo general a lo particular, de lo particular a lo general...	En la expresión ha de cuidarse la finalidad perseguida: exactitud, expresividad, emocionar al lector...

15 Autoevaluación

PARA HACER EN TU CUADERNO

Seguramente habrás recibido, hace poco tiempo, algún regalo (libro, cartera, zapatillas, cazadora...) o se habrá comprado en tu casa algún animal o electrodoméstico nuevo. Si no lo recuerdas, escribe sobre lo que te gustaría que te compraran.

❑ Redacta una carta a un amigo o amiga contándole la compra y describiendo el animal u objeto. Ten en cuenta las pautas siguientes:

- Sigue las partes de la carta: fecha, saludo, cuerpo de la carta, despedida, firma.
- Redacta el cuerpo de la carta en dos párrafos: narra cómo se ha realizado la compra y describe el animal u objeto.
- Emplea oraciones breves: de dos o tres renglones, como máximo. Procura que cada párrafo contenga, al menos, seis oraciones.
- Escribe con letra clara y sin torcerte.
- Cuida los márgenes, las sangrías al iniciar los párrafos, etcétera.
- No cometas faltas de ortografía; consulta tus dudas en el diccionario y en el apéndice de este cuaderno.

❑ **Copia y practica caligrafía:**

a b c ch d e f g h i j k l ll m n ñ o p q r s t u v w x y z

a e i o u a e i o u a e i o u a e i o u

3 La observación

16 Para poder hablar de las personas, animales, cosas y sentimientos hay que observarlos y conocerlos. Para observar el mundo exterior, has de emplear los cinco sentidos:

- vista: forma, color, tamaño, espacios, lugares...
- oído: sonidos y ruidos que producen
- olfato: olores que emiten
- gusto: sabores (*dulce, amargo, salado, agrio...*)
- tacto: temperatura (*caliente, frío...*); consistencia (*blando, duro...*); textura (*fino, rugoso...*).

Lee y observa:

El melocotón gigante

Un sabio anciano regala a James una bolsa de semillas verdes con poderes fantásticos. De camino a casa se le caen junto al melocotonero del jardín, y de pronto un melocotón empieza a crecer y crecer...

La mayoría de las personas —y en especial los niños pequeños— tienen miedo de estar fuera de casa bajo la luna. Todo está tan mortalmente silencioso, y las sombras son tan largas y oscuras, y toman unas formas tan extrañas que parecen moverse cuando se las mira, que el más pequeño ruido de una ramita provoca sobresalto.

En esos momentos, James sentía todo aquello. Miró hacia adelante con los ojos agrandados por el miedo y sin atreverse ni a respirar. No muy lejos, en medio del jardín, veía el gigantesco melocotón que se elevaba por encima de las demás cosas. ¿No será hoy más grande, incluso, que nunca? ¡Y qué aspecto tan deslumbrante tenía! La luna parecía complacerse en iluminarlo y sus suaves curvas brillaban, dándole el aspecto de ser de plata y cristal. Parecía una inmensa bola de plata reposando sobre la hierba, silenciosa, misteriosa y maravillosa.

Y de pronto, una especie de escalofríos de emoción empezaron a recorrer la espalda de James.

"Otra cosa", se dijo, "otra cosa más sorprendente que ninguna, está a punto de sucederme muy pronto". Estaba seguro de ello. Presentía su llegada.

Miró a su alrededor preguntándose lo que podía ser. El jardín tenía el color plateado de la luna. La hierba estaba húmeda y millones de gotitas de rocío lanzaban destellos diamantinos a sus pies. Y de pronto, todo aquel lugar, todo el jardín pareció estar mágicamente vivo.

Casi sin saber lo que hacía, como atraído por un potentísimo imán, James Henry Trotter empezó a caminar lentamente hacia el melocotón gigante. Saltó la valla que lo rodeaba, y se quedó inmóvil a su lado, contemplando sus enormes curvas. Levantó una mano y lo tocó suavemente con la punta de los dedos. Era suave, cálido y delicado, como la piel de un ratoncillo recién nacido. Se adelantó otro paso y rozó su cara contra la suave piel. Y entonces, mientras estaba haciendo aquello, percibió que justo debajo de él, cerca del suelo, el melocotón tenía un agujero.

Era un agujero bastante grande, como el que pudiera haber hecho un animal del tamaño de un zorro.

James se puso de rodillas delante de él y asomó la cabeza y los hombros. Y se arrastró hacia el interior [...] Siguió reptando. "Esto no es solamente un agujero", pensó emocionado. "Es un túnel".

El túnel era húmedo y lóbrego, y tenía ese curioso olor agridulce de los melocotones maduros. El suelo estaba encharcado, las paredes estaban húmedas y pegajosas, y del techo caían gotas de jugo de melocotón. James abrió la boca y lamió algunas gotas con la lengua. Tenía un sabor delicioso.

Siguió arrastrándose unos cuantos metros y de pronto —"bumba"— la coronilla de la cabeza golpeó contra algo muy duro que le bloqueaba el camino. Miró. Delante de él había un sólido tabique que en un principio parecía hecho de madera. Lo palpó con los dedos. Sí, parecía de madera, sólo que estaba rugoso y lleno de profundos surcos.

—¡Cielo santo! —exclamó—. ¡Ya sé lo que es! ¡He llegado al centro del melocotón, al hueso!

Entonces se dio cuenta de que en la pared del hueso había una pequeña puerta. Empujó y abrió. Entró y, antes de tener tiempo de ver dónde estaba, oyó una voz que decía:

—¡Mirad quién está aquí!

Y otra voz dijo:

—¡Te hemos estado esperando!

James se detuvo y miró a los que hablaban, y su rostro palideció de terror.

ROALD DAHL, ***James y el melocotón gigante***, **Ed. Alfaguara**

>>>>>> **Fíjate en las percepciones que señala el autor sobre el melocotón y completa el cuadro siguiente:**

Sentidos	Percepciones
Vista: dónde está, forma, color, tamaño, partes de que consta.	*en el jardín; sobre la hierba silenciosa...*
Olfato: olores que emite.	*olor agridulce de los melocotones maduros*
Tacto: temperatura, consistencia.	*era suave, cálido, delicado*
Oído: sonidos que emite.	
Gusto: sabores.	

17 Describe el melocotón gigante con los datos del cuadro anterior.

18 En los suplementos dominicales de periódicos y en las revistas para niños y jóvenes se incluyen juegos de observación. Seguramente ya has hecho muchos. Ahora vas a solucionarlos escribiendo las respuestas.

>>>>>> Entre estos dos dibujos hay nueve diferencias. Señálalas.

1. Un aspa del molino izquierdo está rota.

2.

3.

4.

5.

6.

7.

8.

9.

19 En muchos anuncios publicitarios hay que observar con detenimiento los elementos icónicos, las imágenes, para entenderlos. Observa el siguiente anuncio y explica:

¿Por qué el eslogan va en el centro?

¿Qué imagen ves encima del eslogan?

¿Qué se ha seleccionado de la botella del agua anunciada?

¿Cómo se establece la relación entre el agua de Solán y la vida?

20 Para entender algunos chistes gráficos, tienes que observarlos detenidamente. Cuenta la anécdota que expresa el chiste siguiente:

Iba Fray Lillo por la calle y

Entonces el rosario que llevaba atado a la cintura

Fray Lillo, al oír

pensando que era un milagro.

21 Autoevaluación

PARA HACER EN TU CUADERNO

❑ Imagina que quieres prepararte para merendar el bocadillo que más te gusta. Escribe un texto con tres párrafos, en el que describas los alimentos que empleas, cómo haces el bocadillo y precises los olores y sabores que observas.

❑ Ten en cuenta estas pautas:

- Sigue este guión:
  - — Alimentos que empleas.
  - — Cómo lo haces.
  - — Olores y sabores que tiene el bocadillo.
- Usa el presente de indicativo en primera persona y emplea adjetivos y comparaciones.
- Redacta con oraciones cortas: de dos o tres renglones, como máximo.
- Escribe con letra clara y sin torcerte. Une las letras de cada palabra.

❑ **Practica caligrafía.**

James se encontró dentro del hueso del melocotón muchos insectos

3.1 Cómo analizar sensaciones visuales

22

El sentido de la vista está localizado en los ojos; con ellos se perciben la luz, los colores y las imágenes de los objetos.

La luz y el color se perciben exclusivamente con el sentido de la vista, pero la forma y el tamaño se distinguen también mediante el sentido del tacto.

>>>>>> **Lee con atención y observa:**

La casa del señor Kralefsky

Subimos al piso de arriba por una escalera chirriante y nos paramos ante una puerta forrada de verde. Él sacó entonces un inmenso manojo de llaves que repiquetearon musicalmente mientras buscaba la indicada; la metió en la cerradura, le dio una vuelta y empujó la pesada puerta. De la habitación salió un chorro de luz cegadora, y con él un coro ensordecedor de canto de pájaros como si el miserable pasillo de la casa de Kralefsky desembocara en las puertas mismas del Paraíso. Era aquello un inmenso desván que casi ocupaba todo el piso alto. Estaba sin alfombrar, y la única pieza de su mobiliario era una mesa grande de pino colocada en el centro. Pero las paredes estaban revestidas, desde el suelo hasta el techo, de hileras superpuestas de jaulas grandes y espaciosas llenas de docenas de pájaros que trinaban y revoloteaban. Cubría el suelo una capa delgada de alpiste, que bajo los pies exhalaba un grato crujido, como al andar por una playa de guijarros. Yo, fascinado por la multitud de pájaros, fui recorriendo lentamente el desván, deteniéndome a mirar cada una de las jaulas, mientras Kralefsky, que parecía haberse olvidado de mi existencia, cogía una gran regadera de la mesa y saltaba ágilmente de jaula en jaula llenando los bebederos.

Mi primera impresión de que todos los pájaros eran canarios resultó ser errónea; para mi deleite descubrí que había jilgueros pintados como payasos de rojo, amarillo y negro; verderones tan verdes y amarillos como las hojas de limonero en verano; pardillos con su pulcro traje de tweed blanco y chocolate; camachuelos de orondo buche rosado, y otras muchas especies. En una esquina del recinto encontré unas puertas de cristales que daban paso a un mirador. A cada extremo del mismo se había construido un gran **aviario**; en uno de ellos vivía un mirlo macho, negro y aterciopelado, con un pico chillón color amarillo plátano, y en el de enfrente, un pájaro de aspecto semejante al de un tordo y vestido en el más suntuoso plumaje azul, una maravillosa combinación de matices desde el marino al celeste.

—Es un roquero solitario —anunció Kralefsky, asomando de improviso para señalarme el bello ejemplar—; me lo mandaron el ano pasado, cuando aún era un polluelo... de Albania, sabes. Desdichadamente, todavía no he podido procurarle una dama.

Le dirigió un gesto amistoso con la regadera y volvió adentro. El roquero me miró con cara de pillo, infló el buche y emitió una serie de cloqueos breves que sonaban a risa entre dientes. Después de contemplarle a placer entré de nuevo en el desván, donde Kralefsky seguía llenando bebederos.

GERALD DURRELL, ***Mi familia y otros animales***, **Ed. Alianza Tres**

tweed: tipo de tela; **aviario**: colección de distintas clases de aves.

>>>>>> **Como estamos viendo, la descripción se interrelaciona con el relato. Observa las formas verbales en pretérito perfecto simple, el tiempo propio para la narración *(subimos, paramos, sacó...)*, y resume lo que se cuenta.**

23 Subraya, en el texto anterior, las expresiones que manifiestan sensaciones visuales: luz, color, forma y tamaño. A continuación, clasifícalas en el cuadro siguiente:

Luz	Color	Forma	Tamaño
Luz cegadora	*Puerta forrada de verde*		*Inmenso manojo de llaves*

24 **El color**. Los colores ofrecen una variedad enorme de matices que debemos saber expresar con palabras. Aprende:

Nombres y adjetivos de colores	Verbos
bayo, lívido, cerúleo, turquesa, índigo, añil, azulgrana, bruno, apizarrado, colorado, ahumado, endrino, bronceado, cándido, albo, armiñado, nacarado, púrpura, encarnado, arrebol, oro, rubio, verdinegro, pajizo, negruzco, rosado, rosáceo, oliva, celeste, castaño, sepia, zaino, tabaco, avellanado, agarbanzado, pardo, parduzco, verdegay, cetrino, ocre, trigueño, alazán, beige, crema, crudo, aceituno, esmeralda, caqui, azur, azulado, rosicler, salmón, asalmonado, fucsia, cobrizo, marengo, ceniciento, cenizo, plomizo, violáceo, lila, morado, malva, ámbar, gualdo, carmín, carmesí, cárdeno, escarlata, grana, magenta, burdeos, granate	blanquear, encalar, pardear, negrear, ennegrecer, broncear, tostar, enrojecer, rojear, arrebolar, sonrosar, amarillear, amarillecer, dorar, verdear, reverdecer, azular, azulear

>>>>>> Consulta en el diccionario el significado de los nombres y adjetivos anteriores y clasifícalos en el cuadro siguiente, según estén relacionados con los colores que se indican.

blanco *bayo*	negro	rojo	amarillo	rosa
violeta *lívido*	gris	marrón	verde	azul

25

A pesar de la gran cantidad de palabras que existen para expresar el color, éste tiene tal variedad de matices que no son suficientes y obliga a emplear otros medios para conseguirlo.

Veamos algunos modos:

Puede añadirse al nombre de color un **adjetivo que lo matice**:

un color ***tenue****, un verde* ***tornasolado****, un azul* ***intenso****, un blanco* ***azulado****.*

>>>>>> Observa el color de las camisas de tus compañeros y descríbelas con un adjetivo.

____

____

____

____

26

Puede determinarse con el **nombre de otra cosa conocida que tenga ese color como propio**:

un verde ***caqui****, un marrón* ***tabaco****, un negro* ***azabache****.*

>>>>>> Completa:

un blanco nieve	*un azul* ______	*un amarillo* ______
un gris ______	*un verde* ______	*un rojo* ______
un ______ *plata*	*un* ______ *oliva*	*un* ______ *limón*
un ______ *cielo*	*un* ______ *plomizo*	*un* ______ *fresa*

27 A veces, los matices de color se expresan mediante una **comparación**. Observa y completa:

negro como la noche | *verde como* ______
rojo como ______ | *amarillo como* ______
blanco como ______ | *naranja como* ______
______ *como el carmín* | ______ *como el tabaco*
______ *como el rubí* | ______ *como la cera*

28 En algunas ocasiones los colores se califican por medio de adjetivos que corresponden a otros sentidos, es decir, con **sinestesias**:

rojo ***chillón*** (oído) *amarillo* ***cálido*** (tacto)

>>>>>> **Señala a qué colores podrías aplicar estos adjetivos:** ***suave, agrio, apagado, fuerte, punzante, intenso, estridente, frío.***

camisa de un azul suave ______
______ ______
______ ______
______ ______

29 Muchas veces se relacionan los colores con sentimientos:

verde → esperanza *rojo → pasión amorosa*

>>>>>> **Completa con un sentimiento.**

plomizo *gris* *amarillento*
negro *lívido* *rojo*

30 Lee y observa:

Arco iris

Un día, me encontré en la plataforma de un autobús violeta. Había allí un joven bastante ridículo: cuello índigo, cordón en el sombrero. De repente, protesta contra un señor azul. Le reprocha, especialmente, con voz verde, que lo empuje cada vez que baja gente. Dicho eso, se precipita hacia un sitio amarillo para sentarse.

Dos horas más tarde, me lo encuentro delante de una estación anaranjada. Está con un amigo que le aconseja que se haga añadir un botón en su abrigo rojo.

RAYMOND QUENEAU: ***Ejercicios de estilo*****,**
Ed. Cátedra.

>>>>>> **Subraya los colores que aparecen en la lectura anterior.**

>>>>>> **Escribe un texto, imitando a Queneau, en el que emplees los colores del arco iris. En lugar del autobús puedes elegir un avión, un tren o un yate de recreo.**

31 Autoevaluación

PARA HACER EN TU CUADERNO

❑ Observa la siguiente fotografía de uno de los parques más hermosos de España

❑ Imagínate que has visitado recientemente un espacio con mucho colorido: un zoológico, un parque de atracciones, o el Loro Park, que reproduce la ilustración. Escribe un texto en el que cuentes la visita y vayas describiendo los colores que viste. Ten en cuenta, además, las pautas siguientes:

- Usa el presente de indicativo en primera persona.
- Utiliza, al menos, diez adjetivos, que no se correspondan con los básicos del arco iris, dos comparaciones y dos sinestesias.
- Emplea oraciones cortas: dos o tres renglones, como máximo.

❑ **Practica caligrafía. Copia uniendo las letras de cada palabra.**

La sinestesia es una metáfora en la que una sensación propia de un sentido se expresa por medio de otra correspondiente a otro. Por ejemplo: color (sensación de la vista), cálido (sensación del tacto).

3.2 Cómo analizar sensaciones auditivas

32 Reciben el nombre de sonidos las sensaciones producidas en el órgano del oído por el movimiento vibratorio de los cuerpos, transmitido por un medio elástico como el aire.

Cuando el sonido es desagradable y confuso, se llama *ruido*; *son* es un sonido agradable y bello, especialmente el producido por un artista; y *tañido*, el que se hace con algún instrumento.

>>>>>> Lee con atención:

El bautizo de Paco

Recordaba Mosén Millán el día que bautizó a Paco en aquella misma iglesia. La mañana del bautizo se presentó fría y dorada, una de esas mañanitas en que la grava del río que habían puesto en la plaza durante el Corpus crujía de frío bajo los pies. Iba el niño en brazos de la madrina, envuelto en ricas mantillas, y cubierto por un manto de raso blanco, bordado en sedas blancas, también. Los lujos de los campesinos son para los actos sacramentales. Cuando el bautizo entraba en la iglesia, las campanitas menores tocaban alegremente. Se podía saber si el que iban a bautizar era niño o niña. Si era niño, las campanas –una en un tono más alto que la otra– decían: *no és nena, que és nen; no és nena, que és nen.* Si era niña cambiaban un poco, y decían: *no és nen, que és nena; no és nen, que és nena*. La aldea estaba cerca de la raya de Lérida, y los campesinos usaban a veces palabras catalanas.

Al llegar el bautizo se oyó en la plaza vocerío de niños, como siempre. El padrino llevaba una bolsa de papel de la que sacaba puñados de peladillas y caramelos. Sabía que, de no hacerlo, los chicos recibirían al bautizado gritando a coro frases desairadas para el recién nacido, aludiendo a sus pañales y a si estaban secos o mojados.

Se oían rebotar las peladillas contra las puertas y las ventanas y a veces contra las cabezas de los mismos chicos, quienes no perdían el tiempo en lamentaciones. En la torre las campanitas menores seguían tocando: *no és nena, que és nen*, y los campesinos entraban en la iglesia, donde esperaba Mosén Millán ya revestido.

RAMÓN J. SENDER, ***Réquiem por un campesino español***, **Ed. Destino**

>>>>>> Subraya las expresiones que describen sensaciones auditivas:

>>>>>> Con las expresiones subrayadas realiza un resumen de la descripción de sonidos.

Era un día en que la grava de la plaza crujía de frío bajo los pies. Al entrar en la iglesia las campanas ____________________

____

____

____

____

33

Observa y aprende los nombre de sonidos y los verbos que expresan acciones relacionadas con las sensaciones auditivas.

Nombres	Verbos
voz, silencio, resonancia, reverberación, eco, retintín, rumor, sonsonete, susurro, gorgoteo, soplo, ronquido, hervidero, chisporroteo, crujido, chasquido, zumbido, runruneo, zureo, latido, tic-tac, chirrido, silbido, silbo, latigazo, palmada, golpe, estruendo, estrépito, rugido, estallido, estampido, traca, trueno, detonación, zambombazo, fragor, grito, bramido	sonar, resonar, sonorizar, ensordecer, insonorizar, rumorear, susurrar, murmurar, roncar, chapotear, gorgotear, crepitar, crujir, chasquear, roncar, silbar, runrunear, cencerrear, cascabelear, rechinar, chillar, gruñir, castañetear, chascar, restallar, chasquear, taconear, zapatear, zurriar, rugir, gemir, traquetear, retumbar, tronar

34

Consulta en el diccionario el significado de las palabras del recuadro. A continuación, escribe frases en las que relaciones el sonido con las personas, animales o cosas que lo producen.

Ej.: *el silencio de la noche*	*el fragor de la batalla*	*el zureo de las palomas*
el susurro	el rumor	el chisporroteo ....
el crujido	el chasquido	el silbo ....
el estrépito	la traca	el eco ....
el bramido	el sonsonete	el tic-tac ....

35

Escribe, con ayuda del diccionario, frases con los verbos siguientes

Le ***susurraba*** *al oído palabras dulces; La hierba seca* ***crepitaba*** *al arder.*

crujir:

chasquear:

rechinar:

gruñir:

chascar:

restallar:

zurriar:

traquetear:

retumbar:

36 Descripción de sonidos mediante **adjetivos**. Lee y aprende el significado de los siguientes adjetivos:

atronador	estentóreo	horrísono	cavernoso	detonante	susurrante
penetrante	estrepitoso	estruendoso	cadencioso	sincopado	vibrante
estridente	gangoso	bronco	retumbante	destemplado	insistente
rumoroso	martilleante	rechinante	crujiente	chirriante	

>>>>>> **Consulta el significado en el diccionario y completa el cuadro siguiente:**

sonido fuerte	sonido suave	sonido agradable	sonido desagradable
atronador			*atronador*

37 Descripción de sonidos por medio de **comparaciones**.

Ej.: *Las gruesas gotas de agua producían, al caer, un sonido como el tic-tac del reloj.*
El ruido del avión semejaba un trueno prolongado.

>>>>>> **Escribe comparaciones para describir los sonidos que oyes habitualmente.**

El sonido del despertador:

El ruido de una puerta que se cierra secamente:

La caída de cubiertos sobre el piso de la cocina:

Pasar las páginas del periódico con fuerza:

38 Descripción de sonidos con sinestesias, es decir, calificando la sensación de un sentido con una cualidad propia de otro. Así, decimos:

voz ***dulce*** (gusto) palabras ***agrias*** (gusto) silencio ***oscuro*** (vista) de la noche.
gritos ***ásperos*** (tacto) música ***suave*** (tacto) coro de voces ***blancas*** (vista)

>>>>>> **Pon ejemplos en los que se pueda decir:**

sonido opaco:

sonido brillante:

sonido claro:

sonido suave:

39 Descripción de sonidos explicando nuestra reacción o la influencia que ejercen en nosotros. Así, decimos:

Todos los días me levanto con el impertinente sonido del despertador.

>>>>>> **Escribe frases con los siguientes adjetivos personificados:**

tranquilizador:

insultante:

acariciador:

manso:

40 Como sabes, las palabras onomatopéyicas reproducen los sonidos y ruidos de la realidad. Su empleo en las narraciones tiene como finalidad describir estos sonidos.

Onomatopeyas

En la plataforma, plas, plas, plas, de un autobús, tuf, tuf, tuf, de la línea S (en el silencio sólo se escuchaba un susurro de abejas que sonaba), ¡pii!, ¡pii!... pintarrajeado de rojo, a eso del medio ding-dong-ding-dong día, gemía la gente apretujada, ¡aj!, ¡aj! Y he aquí quiquiriquí que un gallito gilí, ¡tururú!, que, ¡puaf!, llevaba un sombrerucho, ¡fiu!, se volvió cabreado, brr, brr, contra su vecino y le dijo, hm, hm: «Oiga, usted me está empujando adrede». Casi se pegan, plaf, smasch, pero en seguida el pollo, pío, pío, se lanzó, ¡zas!, sobre un sitio libre sentándose en él, ploc.

El mismo día, un poco más tarde, ding-dong-ding-dong, vuelvo a verlo, junto a la estación, ¡fsss!, ¡fsss!, ¡puu!, ¡puu!, **charrando**, bla, bla, bla, con otro **efebo**, ¡tururú!, sobre un botón del abrigo (trr, trr, precisamente no hacía calor...).

Y chim-pum.

RAYMOND QUENEAU, *Ejercicios de estilo*, Ed. Cátedra.

charrando: charlando; **efebo**: mancebo, adolescente.

>>>>>> **Subraya las onomatopeyas del texto.**

>>>>>> **Observa la ilustración y escribe un texto imitando a Queneau. Debes emplear las siguientes onomatopeyas y otras que conozcas:** ***ejem, plof, chiss, zis-zas, tatatata, tranlará, pío-pío, jajá, achís, paf.***

Llegamos a casa de don Joaquín y llamamos a la puerta: ***toc, toc, toc****. Al momento se oyeron unos pasos,* ***plaf, plaf****, por el pasillo. Salió, y con cara de pocos amigos,* ***brrr, brrr****, dijo: «En esta casa hay timbre», señalando el* ***ding, dong****...*

41 Autoevaluación

PARA HACER EN TU CUADERNO

❑ Observa la ilustración con detenimiento:

❑ Describe lo que ves y, de manera especial, los sonidos y ruidos que podrían escucharse. Ten en cuenta las pautas siguientes:

- Piensa qué ruidos pueden escucharse en una ciudad.
- Describe la ilustración con orden: de izquierda a derecha. Observa qué cosas pueden emitir ruidos y sonidos y exprésalos con verbos y adjetivos.
- Escribe con letra clara.

❑ Practica ortografía y copia:

Se llama ruido; son es un sonido agradable y bello, especialmente el producido por un artista; y tañido, el que se hace con algún instrumento.

m n u *g p q* *r s z* *b d h* *f l ch*

3.3 Cómo analizar sensaciones olorosas

42 El olor se percibe por el sentido del olfato. Las personas tienen muy poco desarrollado este sentido y por eso existen pocas palabras para describir los olores que llegan hasta nosotros.

>>>>>> Lee y observa:

El olor de un niño

¿Cómo huele un lactante cuando huele como tú crees que debe oler? Vamos, dímelo.

—Huele bien —contestó la nodriza.

—¿Qué significa bien? —vociferó Terrier—. Hay muchas cosas que huelen bien. Un ramito de espliego huele bien. El caldo de carne huele bien. Los jardines de Arabia huelen bien. Yo quiero saber cómo huele un niño de pecho.

La nodriza titubeó. Sabía muy bien cómo olían los niños de pecho, lo sabía con gran precisión, no en balde había alimentado, cuidado, mecido y besado a docenas de ellos... Era capaz de encontrarlos de noche por el olor, ahora mismo tenía el olor de los lactantes en la nariz, pero todavía no lo había descrito nunca con palabras.

—¿Y bien? —apremió Terrier, haciendo castañetear las uñas.

—Pues... —empezó la nodriza— no es fácil de decir porque... porque no huelen igual por todas partes, aunque todas huelen bien. Veréis, padre, los pies, por ejemplo, huelen como una piedra lisa y caliente... no, más bien como el requesón... o como la mantequilla... eso es, huelen a mantequilla fresca. Y el cuerpo huele como... una galleta mojada en leche. Y la cabeza, en la parte de arriba, en la coronilla, donde el pelo forma un remolino, ¿veis, padre?, aquí, donde vos ya no tenéis nada... —y tocó la calva de Terrier, quien había enmudecido ante aquel torrente de necios detalles e inclinado, obediente, la cabeza—, aquí, precisamente aquí es donde huelen mejor. Se parece al olor del caramelo, ¡no podéis imaginar, padre, lo dulce y maravilloso que es! Una vez se les ha olido aquí, se les quiere, tanto si son propios como ajenos. Y así, y no de otra manera, deben oler los niños de pecho. Cuando no huelen así, cuando aquí arriba no huelen a nada, ni siquiera a aire frío, como este bastardo, entonces... Podéis llamarlo como queráis, padre, pero yo —y cruzó con decisión los brazos sobre el pecho, lanzando una mirada de asco a la cesta, como si contuviera sapos—, ¡yo, Jeanne Bussie, no me vuelvo con esto a casa!

PATRICK SÜSKIND, ***El Perfume***,
Ed. Seix Barral

bastardo: hijo ilegítimo, no reconocido por su padre

>>>>>> Subraya las expresiones que describen sensaciones olorosas:

>>>>>> Resume brevemente el olor de un niño de pecho

El niño de pecho huele bien como un ramito de espliego, el caldo de carne o los jardines de Arabia

43 Lee y aprende los nombres de olores y los verbos que expresan acciones sobre los olores. Consulta tu diccionario para apreciar los matices

Nombres	Verbos
olor, aroma, buqué, fragancia, perfume, peste, pestilencia, hedor, tufo, esencia, colonia, jazmín, lavanda, espliego, sándalo, incienso, mirra, almizcle	oler, olfatear, husmear, oliscar, olisquear, perfumar, aromatizar, apestar, heder

>>>>>> **Completa relacionando el olor con las personas, animales o cosas que lo producen.**

Ej.: *el olor de frutas* *el aroma del pan tierno*

el buqué del ______ la fragancia ______

la pestilencia ______ el hedor ______

el tufo ______ la esencia ______

44 Escribe frases con los verbos del recuadro

Ej.: *El perro olfateaba la madriguera*

husmear: ______

olisquear: ______

perfumar: ______

aromatizar: ______

apestar: ______

heder: ______

45 Descripción de olores mediante **adjetivos**. Existen unos cuantos adjetivos para explicar los olores. Apréndelos.

embriagador, sofocante, penetrante, excitante, refrescante, concentrado, hediondo, aromático, fétido, balsámico, apestoso, fragante, pestilente, espeso, viciado, persistente, inalterable, mareante

>>>>>> **Consulta en el diccionario y clasifícalos en el cuadro siguiente:**

Agradables	Desagradables	Agradables y desagradables
		persistente

46 En ocasiones describimos los olores mediante **comparaciones** con otros que están en el campo de nuestra experiencia. Así, decimos: *Los pies del niño huelen a requesón; Esta habitación huele a enfermo*.

>>>>>> **Describe mediante comparaciones los olores de:**

una panadería:

una alcantarilla:

la hierba recién cortada:

una pastelería:

47 Autoevaluación

PARA HACER EN TU CUADERNO

❑ Observa detenidamente la ilustración de la página y describe los olores que podrías percibir.

- Ten en cuenta estas pautas:
  - Sigue un orden: en primer plano, a continuación, al fondo; a la izquierda, en el centro, a la derecha.
  - Emplea, al menos, cinco adjetivos del ejercicio 45.
  - Utiliza oraciones sencillas y no te tuerzas al escribir.

- **Practica caligrafía. Copia uniendo las letras de las palabras:**

  Las palabras aroma, perfume, tufo, almizcle e incienso son nombres concretos porque pueden percibirse por el sentido del olfato.

3.4 Cómo analizar sensaciones del gusto

48

Con los sabores ocurre algo parecido a lo que sucedía con los olores: existen pocas palabras que expresen las sensaciones que producen.

>>>>>> **Lee con atención**

La granada

¡Qué hermosa esta granada, Platero! Me la ha mandado Aguedilla, escogida de lo mejor de su arroyo de las Monjas. Ninguna fruta me hace pensar, como ésta, en la frescura del agua que la nutre. Estalla de salud fresca y fuerte. ¿Vamos a comérnosla?

¡Platero, qué grato gusto amargo y seco el de la difícil piel, dura y agarrada como una raíz a la tierra! Ahora, el primer dulzor, aurora hecha breve rubí, de los granos que se vienen pegados a la piel. Ahora, Platero, el núcleo apretado, sano, completo, con sus velos finos, el exquisito tesoro de amatistas comestibles, jugosas y fuertes, como el corazón de no sé qué reina joven. ¡Qué llena está, Platero! Ten, come. ¡Qué rica! ¡Con qué fruición se pierden los dientes en la abundante sazón alegre y rosa! Espera, que no puedo hablar. Da al gusto una sensación como la del ojo perdido en el laberinto de colores inquietos de un calidoscopio. ¡Se acabó!

JUAN RAMÓN JIMÉNEZ, ***Platero y yo***

>>>>>> **Señala las sensaciones del gusto que describe:**

Ej.: *la piel tiene un grato gusto amargo y seco*.

>>>>>> **Explica el significado de la última frase, es decir, la comparación con un calidoscopio de sabores.**

49

Lee y aprende el significado de nombres y de verbos relacionados con los sabores. Consulta tu diccionario para distinguir matices.

Nombres	Verbos
gusto, regusto, sabor, sazón, dulzura, salobridad, amargor, acidez, picante, prueba, cata, degustación	saber, saborear, paladear, gustar, probar, degustar, catar, sazonar, condimentar, aliñar, aderezar, marinar, salar, azucarar, endulzar, encebollar, dulcificar, edulcorar, desalar, agriar, avinagrar, amargar

>>>>>> **Escribe frases en las que relaciones el sabor con el alimento o cosa que lo produce:**

Ej.: *el sabor a nuez moscada* *picante del ajo*

50

Escribe frases con los siguientes verbos:

Ej.: *Debes comer el jamón poco a poco, saboreándolo.*

paladear:

degustar:

aderezar:

aliñar:

51

Descripción de sabores mediante **adjetivos**. Existen unos cuantos adjetivos para explicar los sabores. Apréndelos y señala un alimento que lo posea.

Ej.: sabroso → *cocido* gustoso → *fabada asturiana* rico → *plátano de Canarias*

apetitoso	*jugoso*
desabrido	*desaborido*
insípido	*insulso*
dulce	*dulzón*
afrutado	*semidulce*
amargo	*salado*

salobre		*soso*	
ácido		agridulce	
rancio		picante	
podrido		empalagoso	

52 Descripción de sabores mediante **comparaciones evocativas**. En ocasiones describimos los sabores mediante comparaciones con otros que están en el campo de nuestra experiencia. Así, decimos:

Este pastel está empalagoso como la miel.

>>>>>> **Completa:**

La leche está agria:

La carne quemada está amarga:

El jamón está salado:

El chorizo pica:

53 Descripción de sabores mediante **sinestesias**.

Ej.: *Esta paella tiene un* **sabor** *(gusto)* **espeso** *(tacto).*

>>>>>> **Escribe frases con las siguientes expresiones:**

un sabor áspero:

un sabor pegajoso:

un sabor punzante:

PARA HACER EN TU CUADERNO

54 Autoevaluación

En nuestro país existe una gran variedad de platos típicos: *el pote gallego, la fabada asturiana, las migas manchegas, el gazpacho andaluz, la paella valenciana, las papas arrugadas con mojo picón*, etcétera.

❑ Escribe un texto explicando cómo se hace el de tu región y describe los sabores que tiene.

Ten en cuenta las pautas siguientes:

- Sigue este guión: alimentos que contiene, cómo se prepara, sabores que se perciben al comerse. Si tienes alguna duda, pregunta a tus padres.
- Cada punto del guión ha de formar un párrafo, y cada párrafo debe contener, al menos, cinco oraciones sencillas.
- Presenta bien tu escrito.

❑ Practica caligrafía. Copia uniendo las letras de las palabras.

Juan Ramón Jiménez describe a Platero como un burro pequeño, pe-
ludo, suave como el algodón.

❑ Copia las siguientes letras, para escribirlas bien.

b ch d f g h j k l ll p q t y b ch d f g h j k l ll p q t y

3.5 Cómo analizar sensaciones del tacto

55 A través del sentido del tacto se percibe el calor, la textura, la consistencia y la coherencia de las cosas.

>>>>>> **Lee con atención:**

Un niño piensa

Da gusto estar metido en la cama, cuando ya es de día. Las rendijas del balcón brillan como si fueran de plata, de fría plata, tan fría como el hierro de la verja o como el chorro del grifo, pero en la cama se está caliente, todo muy tapado, a veces hasta la cabeza también. [...]

Volvemos a dejar caer la cabeza sobre la almohada y tiramos del abrigo hacia arriba; notamos fresco en los pies, pero no nos apura, ya sabemos lo que es; sacamos un pie por abajo y nos ponemos a mirar para él. Es gracioso pensar en los pies; los pies son feos y mirándolos detenidamente tienen una forma tan rara que no se parecen a nada; miro para el dedo gordo, pienso en él y lo muevo; miro entonces para el de al lado, pienso en él, y no lo puedo mover. Hago un esfuerzo, pero sigo sin poderlo mover; me pongo nervioso y me da risa [...]

Duermo no sé cuánto tiempo, pero cuando me despierta mi madre, que es rubia y que tiene los ojos azules y que es, sin duda alguna, la mujer más hermosa que existe, el sol está ya muy alto, inundándolo todo con su luz.

Me despierta con cuidado, pasándome una mano por la frente como para quitarme los pelos de la cara. Yo me voy dando cuenta poco a poco, pero no abro los ojos; me cuesta mucho trabajo no sonreír... Me dejo acariciar, durante un rato, y después le beso la mano; me gusta mucho la sortija que tiene con dos brillantes. Después me siento en la cama de golpe, y los dos nos echamos a reír. Soy tan feliz.

Me visten y después viene lo peor. Me llevan de la mano al cuarto de baño; yo voy tan preocupado que no puedo pensar en nada. Mi madre se quita la sortija para no hacerme daño y la pone en el estantito de cristal donde están los cepillos de los dientes y las cosas de afeitarse de mi padre; después me sube a una silla, abre el grifo y empieza a frotarme la cara como si no me hubiera lavado en un mes. ¡Es horrible! Yo grito, pego patadas a la silla, lloro sin ganas, pero con una rabia terrible, me defiendo como puedo... Es inútil; mi madre tiene una fuerza enorme. Después, cuando me seca, con una toalla que está caliente que da gusto, me sonríe y me dice que debiera darme vergüenza dar esos gritos; nos damos otro beso.

Si el desayuno está muy frío, me lo calientan otra vez; si está muy caliente, me lo enfrían cambiándolo de taza muchas veces...

Después me ponen la boina y el impermeable. Mi madre me besa de nuevo porque ya no me volverá a ver hasta la hora de la comida.

CAMILO JOSÉ CELA, ***Obras completas***, **Ed. Destino.**

>>>>>> **Subraya las expresiones que describen sensaciones del tacto.**

>>>>>> **Resume brevemente todas las sensaciones del tacto que se describen.**

56

Consulta el diccionario y aprende nombres y verbos relacionados con el sentido del tacto.

Nombres	Verbos
tacto, suavidad, aspereza, calor, frío, escalofrío, cosquillas, cosquilleo, hormigueo, táctil, roce, caricia, masaje, fricción, loción, friega, soba	tocar, retocar, palpar, pulsar, toquetear, tentar, escarbar, parchear, manosear, sobar

>>>>>> **Escribe frases en las que emplees las siguientes palabras:**

Ej.: tocar-frío: *Toca esta barandilla, verás qué **fría** está.*

palpar-cosquillas: ______________________________

____

tentar-caricias: ______________________________

____

manosear-masaje: ______________________________

____

pulsar-suavidad: ______________________________

____

57

Aprende adjetivos para expresar la sensación de **calor**:

frío, gélido, helado, templado, cálido, caliente, caluroso, tibio, bochornoso, caldeado, quemado, recalentado, abrasado

>>>>>> **Completa con los adjetivos que podrían emplearse:**

Esta sopa está ______________________________

Hoy hace un día ______________________________

58

La **textura** de los materiales la percibimos pasando las yemas de los dedos por la superficie de los objetos. Así notamos que la materia está formando rayas, cuadros, nudos, agujeros, bultos, etcétera.

>>>>>> **La textura se expresa mediante adjetivos y comparaciones. Consulta en tu diccionario y aprende:**

granuloso	rayado	aterciopelado	arenoso	fino
espinoso	nudoso	afelpado	liso	terso
calloso	escamoso	rugoso	basto	viscoso

>>>>>> Observa objetos que tienes a mano y describe su textura. Si no encuentras un adjetivo apropiado, emplea comparaciones:

Ej.: Tablero de la mesa: *liso y fino*

59 La **consistencia**, es decir, la densidad de la materia se expresa especialmente mediante adjetivos:

blando	duro	tupido	tieso	tierno	fláccido
fofo	correoso	elástico	yerto	dúctil	maleable
estropajoso	cimbreante	esponjoso	hueco	rígido	inflexible

>>>>>> Describe con adjetivos seis materiales distintos.

El chicle es blando y elástico *El bolígrafo es duro y rígido.*

60 Observa cómo se expresa la **consistencia** mediante comparaciones, y completa.

Ej.: *Tiene una cabeza tan dura como una piedra*

es tan pastoso como

es tan fino como

es tan viscoso como

es tan gelatinoso como

es tan esponjoso como

61 Cuando manipulamos los objetos observamos su **coherencia** y **consistencia**, es decir, la elasticidad, la flexibilidad, la resistencia o la fragilidad.

Estas cualidades se expresan especialmente mediante adjetivos:

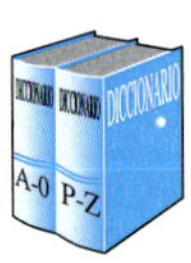

correoso	dúctil	maleable	duro	quebradizo
doblegable	tenso	tirante	blando	

>>>>>> **Señala objetos que tengan las cualidades anteriores.**

Ej.: correoso: *el pan duro, la carne fibrosa.*

62 Autoevaluación

PARA HACER EN TU CUADERNO

❑ Seguramente habrá días en que sientas pereza al levantarte de la cama. Lee de nuevo el texto de Cela, *Un niño piensa*, y describe cómo te levantas de la cama un día de fiesta.

❑ Ten en cuenta las siguientes pautas:

- Marca distintos momentos: *en primer lugar, a continuación, después, finalmente.*
- Describe sensaciones que percibes por diversos sentidos:
  - — La luz que entra por la ventana.
  - — El ruido de los coches en la calle.
  - — El frescor de la mañana.
  - — El sabor amargo de la boca.
  - — El olor del desayuno.

❑ **Practica caligrafía. Copia uniendo las letras de las palabras:**

La cohesión de los objetos se debe a la fuerza de atracción que mantienen unidas las moléculas de un cuerpo.

La elasticidad es la propiedad que tiene los cuerpos de recobrar la forma original después de ser estirados o deformados.

4 Selección

63 Nuestros sentidos nos proporcionan una gran información al observar los objetos. Pero hay informaciones importantes e informaciones no relevantes; por ello, hay que proceder a seleccionar los datos de interés.

En esta selección influye, de manera especial, la finalidad perseguida por la descripción. Así, en una descripción científica u objetiva, son importantes todos los datos que reflejen fielmente el objeto; en los relatos literarios, el autor selecciona de los personajes, objetos, espacios, etc., aquellos rasgos y aspectos que le interesa transmitir al lector.

>>>>>> **Observa y lee:**

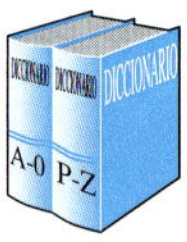

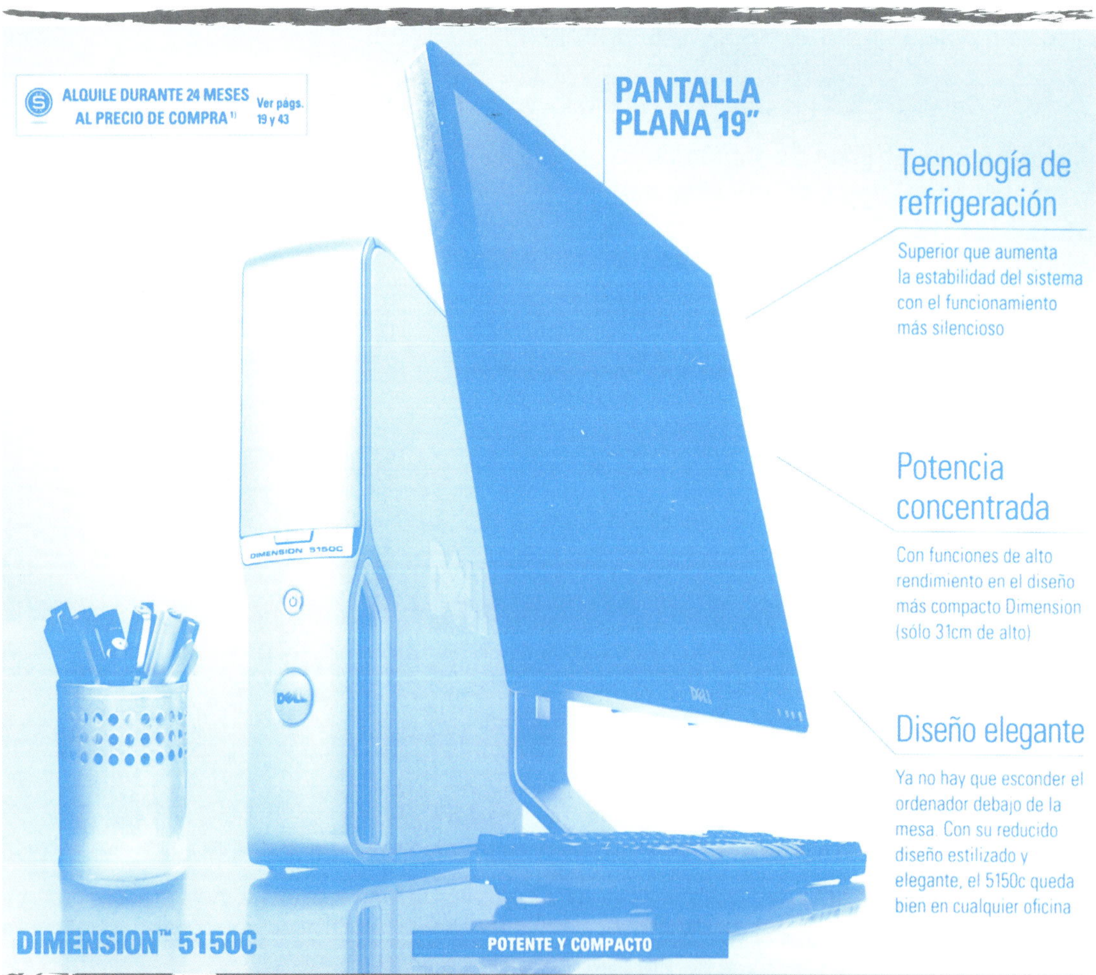

>>>>>> **Señala qué aspectos se han elegido en la descripción del ordenador.**

>>>>>> **Indica características estéticas y técnicas del ordenador con el que tú trabajas en el colegio o en tu casa.**

64 Lee el siguiente relato:

Paulina y Nin

Bajé muy despacito la escalera. **Tenía una barandilla brillante**, que María enceraba todas las mañanas. Si no hubiera sido porque suponía que a la abuela, como a Susana, no le hubiera gustado, más de una vez me habría deslizado por ella, como por un tobogán. Lo malo era que, al llegar al final, casi siempre me caía.

En la cocina había entrado sólo dos veces, desde que llegué a la casa. Y las dos veces estuve muy poquito rato, porque a la abuela no le gustaba que bajase. No sé por qué no le gustaba, ¡con lo bonito que era! Y además, en la cocina estaba Marta. Marta era la mujer de Lorenzo, y la cocinera de la casa. Tenía más de sesenta años, y era baja y regordeta, con el pelo negro, muy tirante y un moño enorme, de trenza, arrollado encima de la nuca. Las dos veces que fui a la cocina, Marta me había dado rosquillas, de un bote de latón que había en un armario. Eran unas rosquillas riquísimas, todas rebozadas de azúcar, que hacían cru-cru, al mascarlas. En la cocina olía muy bien y, además, el fuego le daba a todo un color muy bonito, entre dorado y rojo, que hacía brillar las sartenes, cazos, espumaderas y potes que había en los vasares.[...]

La cocina estaba en lo más bajo de la casa. Iba yo pisando despacito, y vi que la puerta de la cocina estaba entreabierta, y salía el resplandor del fuego, y las voces de Marta y las otras dos mujeres. Empujé la puerta y entré.

Todo brillaba mucho, pero brillaba caliente, de un modo muy esparcido. La cocina era de piedra y de hierro: no como las cocinas de la ciudad, que apenas si se ve el fuego. Aquí sí que se veía; un buen fuego en el centro mismo, debajo de la gran campana. La pared estaba negra de hollín, y colgaba una cadena con una enorme olla. Marta apartaba cenizas, con una palita, y rodeaba con mucho cuidadito los pucheros de barro que hervían al lado de las llamas. Había un puchero grande rodeado de tres chiquitines, muy juntitos a él, como una gallina con sus polluelos. A los dos lados del fuego, encima de la misma tarima, había dos bancos largos de madera, con respaldos. En uno de los bancos estaba sentado el niño. Se había quitado el mantón y las botas, que habían puesto a secar en un rincón. Sería de mi edad o cosa así, y tenía el pelo muy liso, de color rubio, que le brillaba mucho junto al fuego, como si estuviera mojado. No le llegaban los pies al suelo, y llevaba calcetines de lana encarnada. Parecía que estuviera pensando algo muy fijo, porque ni siquiera me miró. En cambio, Marta y la otra mujer, que parecía la madre del niño, se callaron y se volvieron a mí.

—Hola, Marta —dije—. ¿Puedo estar aquí un ratito contigo?

Marta se echó a reír. Me gustaba mucho cómo se reía, porque echaba la cabeza para atrás y enseñaba todos los dientes. Su risa se parecía al barboteo de un puchero hirviendo. Toda ella era como un redondo puchero hirviendo.

—Acércate al fuego —me dijo—. Te calentarás.

ANA Mª MATUTE, *Paulina*, Ed. Lumen

>>>>>> Subraya las cosas y personas que se describen

- ¿Qué se ha seleccionado de la escalera? ______

______

- ¿Cómo se describe a Marta y a Nin, el niño sentado en la cocina?
  - Marta: ______

    ______

    ______
  - Nin: ______

    ______

    ______

- ¿Cómo se ha descrito la cocina? Señala:
  - dónde está situada ______
  - de qué material es ______
  - colores ______

    ______

- qué objetos hay en el fuego:

- qué otras cosas había en la cocina:

65 Observa, en la siguiente ilustración, qué datos ha seleccionado Mariscal. Ten en cuenta la finalidad que persigue: concienciar a las personas para que respeten el entorno natural.

>>>>>> **Escribe un texto en el que emplees todas las expresiones de la ilustración.**

Mariscal, ante las agresiones que las personas realizan en nuestras costas, propone una defensa de las playas adoptando las siguientes medidas:

- *Edificar apartamentos de diferentes formas y colores en medio del mar.*

66 Autoevaluación

PARA HACER EN TU CUADERNO

❑ Describe la escena y explica dónde reside el humor. Para ello, haz lo siguiente.

- En la descripción de la escena señala qué ves en el primer plano, en segundo plano y al fondo.
- Explica cómo está descrita la señora y el señor.
- Narra brevemente la anécdota señalando dónde reside el humor del chiste.

❑ **Practica caligrafía. Copia uniendo las letras de las palabras:**

En la descripción hay que seleccionar las características relevantes de los objetos

5 Ordenación

67 Al observar se obtienen muchos datos al mismo tiempo, pues se puede recibir información por varios sentidos a la vez; pero, al exponerlos y describirlos, hay que seguir un orden:

- espacial: de izquierda a derecha, de arriba abajo, en un primer plano o al fondo;
- de lo general a lo particular, de lo particular a lo general;
- datos esenciales y accesorios, objetivos o subjetivos;
- rasgos físicos, modo de vestir y forma de comportarse;
- datos explícitos que describe el autor y datos que se deducen por la actuación o comportamiento de los personajes.

>>>>>> Lee con atención:

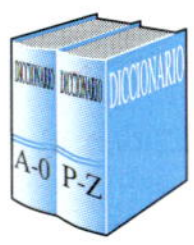

La cruz del diablo

El crepúsculo comenzaba a extender sus ligeras alas de vapor sobre las pintorescas orillas del Segre, cuando, después de una fatigosa jornada, llegamos a Bellver, término de nuestro viaje.

Bellver es una pequeña población situada a la falda de una colina, por detrás de la cual se ven elevarse, como las gradas de un colosal **anfiteatro** de granito, las empinadas y nebulosas crestas de los Pirineos.

Los blancos caseríos que la rodean, salpicados aquí y allá sobre una ondulante sábana de verdura, parecen a lo lejos un bando de palomas que han abatido su vuelo para apagar su sed en las aguas de la ribera.

Una pelada roca, a cuyos pies tuercen las aguas su curso, y sobre cuya cima se notan aún remotos vestigios de construcción, señala la antigua línea divisoria entre el condado de Urgel y el más importante de sus **feudos**.

A la derecha del tortuoso sendero que conduce a este punto, remontando la corriente del río y siguiendo sus curvas y frondosas márgenes, se encuentra una cruz.

El asta y los brazos son de hierro; la redonda base en que se apoya, de mármol, y la escalinata que a ella conduce, de oscuros y mal unidos fragmentos de sillería.

La destructora acción de los años, que ha cubierto de orín el metal, ha roto y carcomido la piedra de este monumento, entre cuyas hendiduras crecen algunas plantas trepadoras que suben enredándose hasta coronarlo, mientras una vieja y corpulenta encina le sirve de **dosel**.

Yo había adelantado algunos minutos a mis compañeros de viaje y, deteniendo mi **escuálida** cabalgadura, contemplaba en silencio aquella cruz, muda y sencilla expresión de las creencias y la piedad de otros siglos.

Un mundo de ideas se agolpó en mi imaginación en aquel instante. Ideas ligerísimas sin forma determinada, que unían entre sí, como un invisible hilo de luz, la profunda soledad de aquellos lugares, el alto silencio de la naciente noche y la vaga melancolía de mi espíritu.

Impulsado de un sentimiento religioso, espontáneo e indefinible, eché —maquinalmente— pie a tierra, me descubrí y comencé a buscar en el fondo de mi memoria una de aquellas oraciones que me enseñaron cuando niño; una de aquellas oraciones que, cuando más tarde se escapan involuntarias de nuestros labios, parece que aligeran el pecho oprimido y, semejantes a las lágrimas, alivian el dolor, que también toma estas formas para evaporarse.

Ya había comenzado a murmurarla, cuando de improviso sentí que me sacudían con violencia por los hombros. Volví la cara: un hombre estaba al lado mío.

GUSTAVO ADOLFO BÉCQUER, ***Leyendas***

anfiteatro: local en forma redonda u ovalada destinada a espectáculos, con gradas alrededor para los espectadores; **feudo**: territorio que depende de otro; **dosel**: cubierta de adorno que se coloca encima de una cama, altar, etcétera; **escuálida**: muy delgada.

>>>>>> Observa que en la lectura encontramos tres partes:

❑ En la primera se describe la llegada del viajero a la cruz del diablo. Señala el orden que sigue.

Era la hora crepuscular cuando llegamos a Bellver, el final de nuestro viaje.

❑ A continuación se describe la cruz. Indica:

- Dónde está situada
- Cómo es
- Estado en que se encuentra

❑ En la tercera se describen los sentimientos que le produce la observación de la cruz. Resúmelos.

68 Observa esta ilustración y describe lo que ves. Sigue un orden espacial: *en primer plano, al fondo, a izquierda, a derecha...*, y emplea palabras del recuadro.

raíles, vías, vía férrea, coche, automóvil, turismo, averiado, estropeado, descapotable, lujoso, trasto viejo, tren, talgo, AVE, pitando, haciendo señales acústicas; personaje: asombrado, asustado, enfadado, cabreado, echando chispas

69 Autoevaluación

PARA HACER EN TU CUADERNO

❑ Observa la siguiente viñeta de Quino:

QUE NECESITES CONTARLAS PARA DORMIRTE, DE ACUERDO, PERO AL MENOS LUEGO PODRÍAS SOÑAR QUE LAS EXPORTAN, O QUE VIENE UN LOBO Y SE LAS COME A TODAS, O... ¡QUÉ SÉ YO,... NO SÉ, ALGO QUE NOS LIBRE DE ESTA MALDITA HISTORIA CADA MAÑANA!

❑ Narra lo que ocurre, teniendo en cuenta las siguientes pautas:

- Emplea tres párrafos:
  - describe en uno, de forma ordenada, lo que ves en la habitación *(En el centro hay una cama con un matrimonio; a la izquierda una mesita con lamparita y un despertador.)*;
  - en el segundo párrafo describe lo que se ve a través de la ventana *(la casa de los vecinos, el jardín...)*; y
  - en el tercer párrafo narra la anécdota de que el *señor tiene que contar ovejas para dormirse y...*
- Utiliza oraciones sencillas y copia el texto que reproduce el diálogo de la ilustración, cuidando de no olvidar de ningún signo de puntuación.
- Escribe con letra clara y no te tuerzas.

❑ **Practica caligrafía. Copia uniendo las letras de las palabras:**

a c e i m n ñ o r s u v w x z   a c e i m n ñ o r s u v w x z

6 Descripción de personas

70 La descripción de personas en la vida real y en la literatura se realiza atendiendo a dos aspectos:

- Apariencia externa: rasgos físicos y modo de vestir.
- Carácter y personalidad: rasgos morales, sentimientos, modo de vivir y de comportarse...

>>>>>> **Lee con atención:**

a

Don Trinidad García Sobrino no piensa ni se mueve. Es un hombre pacífico, un hombre de orden, un hombre que quiere vivir en paz. Su nieto parece un gitanillo flaco y barrigón. Lleva un gorro de punto y unas polainas, también de punto; es un niño que va muy abrigado.

CAMILO J. CELA, ***La colmena***

b

El Pirata Piratón

En todo el mundo, no creo
que hubo un pirata más feo.
Le faltaba media oreja,
siete dientes y una ceja.
Estaba tuerto de un ojo;
el otro se le torcía,
y era tan cojo, tan cojo,
y era tan malo, tan malo,
que tenía... ¿Qué tenía?
¡Las cuatro patas de palo!

ÁNGELA FIGUEROA

c

Carlos Sevilla falta de su domicilio desde hace una semana.

Ha cumplido quince años, es de complexión fuerte y mide 1.80 m. Tiene pelo rubio con melena y cara ancha con grandes ojos azules. Es muy tímido y tartamudea un poco al hablar.

El día de su desaparición vestía pantalón y camisa, vaqueros, un chaleco de lana y zapatillas de deporte.

Se ruega a las personas que puedan aportar alguna información, que se pongan en contacto con la policía.

d

El aspecto externo de Momo ciertamente era un tanto desusado y acaso podía asustar algo a la gente que da mucha importancia al aseo y al orden. Era pequeña y bastante flaca, de modo que ni con la mejor voluntad se podía decir si tenía ocho años sólo o ya tenía doce. Tenía el pelo ensortijado, negro como la pez, y con todo el aspecto de no haberse enfrentado jamás a un peine o unas tijeras. Tenía unos ojos muy grandes, muy hermosos y también negros como la pez y unos pies del mismo color, pues casi siempre iba descalza. Sólo en invierno llevaba zapatos de vez en cuando, pero solían ser diferentes, descabalados, y además le quedaban demasiado grandes. Eso era porque Momo no poseía nada más que lo que encontraba por ahí o lo que le regalaban. Su falda estaba hecha de muchos remiendos de diferentes colores y le llegaba hasta los tobillos. Encima llevaba un chaquetón de hombre, viejo, demasiado grande, cuyas mangas se arremangaba alrededor de la muñeca. Momo no quería cortarlas porque recordaba, previsoramente, que todavía tenía que crecer. Y quién sabe si alguna vez volvería a encontrar un chaquetón tan grande, tan práctico y con tantos bolsillos.

MICHAEL ENDE, ***Momo***

>>>>>> Completa el cuadro siguiente:

Texto	Apariencia externa		Carácter y personalidad
	Rasgos físicos	Modo de vestir	
A)			
B)			
C)			

Texto	Apariencia externa		Carácter y personalidad
	Rasgos físicos	Modo de vestir	
D)			

71 Don Trinidad está descrito mediante rasgos morales; en su nieto, por el contrario, se describe la apariencia externa. La descripción física de una persona recibe el nombre de **prosopografía** y la descripción moral y de carácter, **etopeya**.

Sin embargo, al referirnos a las personas solemos describir tanto su apariencia externa como su carácter, y entonces se habla de **retrato**.

>>>>>> **Imagínate que un día se pierde un compañero de clase. Redacta el retrato que se enviaría al periódico para pedir la colaboración ciudadana con el fin de encontrarlo.**

6.1 El aspecto externo

72 Al observar el aspecto externo de las personas, hay que fijarse en:

Rasgos físicos, en los que se señala:

- aspecto general: edad, complexión, estatura, forma de andar
- rasgos de la cabeza: tipo y color del pelo, forma de la cara, forma y color de los ojos, cejas, color de la piel
- señales especiales: tatuajes, cicatrices, adornos.

Modo de vestir o indumentaria: tipo y color de la ropa.

Lee y observa:

La señorita Trunchbull

A la mayoría de los directores de escuela los eligen porque reúnen ciertas cualidades. Comprenden a los niños y se preocupan de lo que es mejor para ellos. Son simpáticos, amables y les interesa profundamente la educación. La señorita Trunchbull no poseía ninguna de estas cualidades y era un misterio cómo había conseguido su puesto.

Era, sobre todo, una mujerona impresionante. En tiempos pasados fue una famosa atleta y, aún ahora, se apreciaban claramente sus músculos. Se le notaban en su cuello de toro, en sus amplias espaldas, en sus gruesos brazos, en sus vigorosas muñecas y en sus fuertes piernas. Al mirarla, daba la impresión de ser una de esas personas que doblan barras de hierro y desgarran por la mitad guías telefónicas. Su rostro no mostraba nada de bonito ni de alegre. Tenía una barbilla obstinada, boca cruel y ojos pequeños y altaneros. Y por lo que respecta a su atuendo... era, por no decir otra cosa peor, extraño. Siempre vestía un guardapolvo de algodón marrón, ceñido a la cintura por un cinturón ancho de cuero. El cinturón se abrochaba por delante con una enorme hebilla de plata. Los macizos muslos que emergían del guardapolvo los llevaba enfundados en unos impresionantes pantalones de montar de color verde botella, de tela basta de sarga. Los pantalones le llegaban justo por debajo de las rodillas y, de ahí hacia abajo, lucía calcetines verdes con vuelta, que ponían de manifiesto los músculos de sus pantorrillas. Calzaba zapatos de color marrón con lengüetas. En suma, parecía más una excéntrica y sanguinaria aficionada a las monterías que la directora de una bonita escuela para niños.

ROALD DAHL, ***Matilda***

b

Anselmo Llorente

Entró la Amalia, con la cofia y el delantal blanco, y se les quedó mirando con sorna, los brazos en jarras:

–Míralos, como dos tórtolos. El Anselmo Llorente se va a reír las muelas mañana, cuando se lo cuente.

Morena, nerviosa, vivaz, la pierna derecha levemente renqueante, la Amalia, como deferencia y signo de distinción, designaba a su novio con nombre y apellido, pero pese a su magnificencia el Anselmo Llorente era poca cosa, **apergaminado**, **enjuto**, un rostro **lascivo** donde apenas sobresalían los pómulos y los lentes sin montura, de cristales siempre **impolutos**. En invierno y verano vestía trajes oscuros, muy marcada la raya del pantalón, y un sombrerito gris de fieltro con el ala sombreándole el ojo derecho. Hasta bien entrada la primavera no se desprendía del abrigo azul marino, que casi le alcanzaba los tobillos, ni de la bufanda a cuadros que protegía la escuálida garganta tan a conciencia que, entre sombrero y tapabocas, apenas se descifraba un enigmático, menudo, rostro oriental. En ocasiones, Crucita le decía a la Amalia que el Anselmo Llorente era muy señorito y ella sonreía halagada por lo que entendía un piropo. Mas la Amalia consideraba que le ennoblecía, refiriéndose a él por el nombre y el apellido:

–Me voy. Ya estará abajo aguardándome el Anselmo Llorente.

A Gervasio no acababa de gustarle el Anselmo Llorente, tan descolorido, tan anguloso, tan distante, recorriendo de arriba abajo el portalón de palacio a largos trancos, los ojos esquivos, el busto inclinado, las manos en los bolsillos y, si acaso le saludaban al pasar, él respondía con un gruñido, sin reparar en quiénes eran, excepto si les acompañaba la señora Zoa, en cuyo caso se sacaba ceremoniosamente el sombrero de la cabeza, cambiaba unas palabras con ella y le hacía objeto de toda clase de zalamerías. Al final, siempre decía lo mismo:

–Si va para arriba, señora Zoa, haga el favor de decirle a la Amalia que baje.

MIGUEL DELIBES, ***Madera de héroe***,
Ed. Destino

apergaminado: como si fuera de cartón; **enjuto:** delgado y seco; **lascivo:** vicioso; **impolutos:** sin manchas, muy limpios.

>>>>>> **Resume los rasgos que caracterizan la apariencia externa de la señorita Trunchbull y de Anselmo Llorente y completa el cuadro siguiente:**

Texto	Apariencia externa	
	Rasgos físicos	Modo de vestir
A)		

Texto	Apariencia externa	
	Rasgos físicos	Modo de vestir
B)		

73 Observa estas fotografías:

Describe uno y otro personaje. Para ello, ten en cuenta lo siguiente:

❑ Selecciona diez aspectos de sus rasgos físicos. Puedes ayudarte del léxico siguiente:

- cabeza: *cabezón, cabecita*
- cabello: *melenudo, rapado, trasquilado, trenza, moño, tupé, greña, maraña, peinado, trenzado, rizado, encrespado, ensortijado, ondeado, canoso, negro, rubio*
- cara: *risueña, biemparecido, encarado, carilarga, perfilada, hocicuda, carigordo, cariancho, encarnada, frescote, pálido, blanco, moreno, mulato, cara de pascua, cara de risa, cara de juez, cara de pocos amigos, cara de hereje*
- cuello: *cuellilargo, cuellicorto, pescozudo*
- ojos: *vivos, rasgados, reventones, saltones, tiernos, blandos, inyectados*

- nariz: *aguileña, respingona, chata, roma*
- boca: *grande, con labios finos o gruesos, boquita de piñón*
- imagínate también la voz: *fina, bronca, argentina, pastosa, engolada, aflautada, de pito*

❑ Selecciona cinco aspectos de su atuendo o modo de vestir. Ayúdate de este vocabulario:

Belleza-Elegancia	Fealdad-Ridiculez
guapo, guapote, agraciado, donoso, apuesto, delicado, precioso, gentil, gallardo, airoso, arrogante, majo, resultón, garboso, esbelto, fino, elegante, aristocrático, exquisito, atildado, trajeado, coqueto, compuesto, ataviado, emperejilado, apuesto	adefesio, esperpento, mamarracho, monstruo, feo, antiestético, horroroso, endiablado, malcarado, disforme, desproporcionado, vulgar, chabacano, hortera, macarra, cursi, ordinario, grotesco, pijo, ridículo, extravagante, estrafalario, grotesco, birria

6.2 Descripción del modo de ser o carácter

74 El carácter o modo de ser de las personas se describe atendiendo principalmente a sus sentimientos, moral y conducta.

Lee y observa:

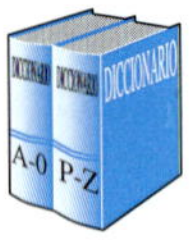

Don Fernando Villalón

Otro poeta —«¡lo más grande que aquí hay!»— me presentó Ignacio la misma tarde de mi llegada. Estaba yo en el cuarto del hotel.

—Entre usted, don Fernando...

Un hombrón ancho, fuerte, con fiera planta de toro y ganadero a la vez, llenó el marco entero de la puerta, avanzando con una mano tendida.

—Aquí lo tienes... Don Fernando Villalón Daoiz, el mejor poeta novel de toda Andalucía.

Aquel Fernando Villalón que hacía crujir mis dedos entre los suyos, riendo de la presentación que acababa de hacerle su amigo, era nada menos que el famosísimo ganadero sevillano de reses bravas, brujo, espiritista, hipnotizador, además de conde de Miraflores de los Ángeles... y poeta novel. [...]

Era Fernando un hombre extraordinariamente fino y simpático, hijo de esa romántica Andalucía feudal, que se sentaba bajo los olivos a compartir, tú por tú, el pan con los gañanes. Profundamente popular, los verdaderos amigos suyos, los inseparables, eran los mayorales que guardaban sus toros, los gitanos, los mozos de cuadra, toda la abigarrada servidumbre de sus cortijos, además de cuanto torerillo ilusionado rondaba sus dehesas. Cuando lo conocí ya andaba arruinado. Negocios absolutamente poéticos lo habían venido hundiendo en la escasez, casi en la pobreza. Si Villalón fue, como se decía y yo lo pude comprobar, un hombre único, extraordinario, no se lo debe a su obra escrita, que es muy poca, sino a su fantástica vida, a su extraña personalidad. La verdadera vocación suya, la poética, no comienza a descubrírsela seriamente hasta pasados sus cuarenta y tantos años. De ahí que Sánchez Mejías me lo presentara, sin asomo de chufla, como poeta novel. El último escopetazo acababa de darlo Villalón con *Andalucía la Baja*, su primer libro, inesperado, de poemas.

—¡Pero este don Fernando! ¡Hay que ver con lo que nos sale a estas alturas! ¡Con versitos!

Los envidiosos, los chungones de las esquinas, los que le querían sin comprenderlo, toda Sevilla, en fin, andaba escandalizada, cuando yo llegué, con «la última locura del ganadero», que venía a revivir las otras reales o imaginarias de su vida, ya recontadas y deformadas, de boca en boca, Guadalquivir abajo.

RAFAEL ALBERTI, ***La arboleda perdida***, **Ed. Destino**

Subraya los rasgos que describen el modo de ser -carácter y personalidad- de don Fernando.

Resume los rasgos de carácter que se deducen de su actuación y comportamiento

>>>>>> **Resume los rasgos físicos y de carácter, explícitos e implícitos, y realiza el retrato del personaje.**

75 Para describir sentimientos, moral y conducta, existe en el idioma una gran cantidad de adjetivos. Consulta en tu diccionario y aprende su significado.

1. Afectividad/Insensibilidad		2. Tranquilidad/Intranquilidad		3. Alegría/Tristeza	
sensible	frío	tranquilo	inquieto	alegre	triste
sentimental	indiferente	sereno	turbulento	radiante	abatido
sensiblero	insensible	sosegado	levantisco	eufórico	alicaído
romántico	impasible	bonachón	bullicioso		infeliz
afectivo	esquivo	plácido	atolondrado		desgraciado
emotivo	desapasionado	pacífico	confuso		desdichado
espiritual		reposado	azaroso		compungido
sensitivo		calmoso			pesaroso
hipersensible		apacible			disgustado
		dócil			melancólico
		impasible			taciturno
		indolente			mustio
		tranquilón			tétrico
		flemático			macabro

4. Diversión-Gracia/ Aburrimiento-Sosería		5. Valentía/Cobardía		6. Orgullo-Soberbia-Vanidad/ Humildad-Timidez	
divertido	aburrido	valiente	cobarde	soberbio	humilde
animado	tedioso	valeroso	medroso	altivo	sencillo
alegre	soporífero	esforzado	amilanado	altanero	tímido
juguetón	fastidioso	intrépido	temeroso	arrogante	corto
entretenido	soso	arrojado	asustadizo	estirado	apocado
juerguista	anodino	impávido	pusilánime	insolente	timorato
jaranero	desaborido	impertérrito	achicado	orgulloso	pacato
marchoso	desabrido	gallardo	rajado	engreído	apagado
gracioso	insulso	bizarro	miedoso		parado
agudo		arrogante	asustadizo		remiso
salado		heroico			lánguido
ocurrente		farruco			ñoño
guasón		resuelto			
saleroso		audaz			
bromista		atrevido			
jovial		osado			
jocoso					

7. Amistad/Enemistad		8. Inteligencia/ Estupidez		9. Moral/Amoral	
amistoso	enemigo	inteligente	estúpido	moral	inmoral
amigable	antipático	listo	tontaina	bondadoso	malvado
simpático	hostil	sagaz	necio	virtuoso	vicioso
majo		sesudo	bobalicón	honesto	deshonesto
amigo		perspicaz	berzotas	leal	traidor
aliado		despierto	zoquete	decente	indecente
		avispado	cretino	comedido	egoísta
		despabilado	mentecato	sobrio	interesado
		agudo	simple	altruista	astuto
		sutil	majadero	desinteresado	falso
		ingenioso	memo	cándido	
		vivaz	tarado	sincero	
		superdotado	mastuerzo		
		precoz	pánfilo		

>>>>>> **Comprueba si has aprendido el significado del léxico anterior.** Escribe un antónimo, palabra de significado contrapuesto, para cada uno de los adjetivos siguientes:

emotivo	*insensible*	intrépido	
apacible		bizarro	
jacarandoso		altivo	
optimista		sagaz	
ocurrente		panoli	
altruista		astuto	
cándido		estirado	

76 Elige cinco personas. Pueden ser de tu familia, de tus amigos y compañeros o personajes públicos (deportistas, artistas, etcétera) que conozcas. Realiza su etopeya eligiendo, al menos, un adjetivo de cada uno de los nueve grupos anteriores.

1.

2.

3.

4.

5.

6.3 El retrato y la caricatura

77 Al igual que sucede en la pintura, un retrato literario puede estar muy perfilado, descrito mediante muchos detalles, o bien resaltar sólo aquellos rasgos más significativos, llegando incluso a la caricatura, a la deformación de facciones y aspecto.

>>>>>> **Lee y observa:**

El tío Lucas

Lucas era en aquel entonces, y seguía siendo en la fecha a que nos referimos, de pequeña estatura (a lo menos con relación a su mujer), un poco cargado de espaldas, muy moreno, barbilampiño, narigón, orejudo y picado de viruelas. En cambio, su boca era regular y su dentadura inmejorable.

Dijérase que sólo la corteza de aquel hombre era tosca y fea; que tan pronto como empezaba a penetrarse dentro de él aparecían sus perfecciones, y que estas perfecciones principiaban en los dientes. Luego venía la voz, vibrante, elástica, atractiva; varonil y grave algunas veces, dulce y melosa cuando pedía algo, y siempre difícil de resistir.

Llegaba después todo lo que aquella voz decía: todo oportuno, discreto, ingenioso, persuasivo... Y, por último, en el alma del tío Lucas había valor, lealtad, honradez, sentido común, deseo de saber...

PEDRO ANTONIO DE ALARCÓN

b

—¡Mi amito! A bordo viene un moreno que mata los tiburones en el agua con el trinchete. ¡Suba, mi amito, no se dilate!...

Y desaparece velozmente, como esos etíopes carceleros de princesas en los castillos encantados. Yo, espoleado por la curiosidad, salgo tras él. Heme en el puente que ilumina la plácida claridad del plenilunio. Un negro colosal, con el traje de tela chorreando agua, se sacude como un gorila, en medio del corro que a su rededor han formado los pasajeros, y sonríe mostrando sus blancos dientes de animal familiar. A pocos pasos dos marineros encorvados sobre la borda de estribor bajan un tiburón medio degollado, que se balancea fuera del agua al costado de la fragata. Mas he ahí que de pronto rompe el cable, y el tiburón desaparece en medio de un remolino de espumas. El negrazo musita apretando los labios elefanciacos:

—¡Pendejos!

RAMÓN DEL VALLE-INCLÁN

c

Pues señor, érase en un lugar llamado Villagañanes, una viuda más fea que el sargento de Utrera; más seca que un esparto, más vieja que el andar a pie, y más amarilla que la epidemia. En cambio tenía un genio tan maldito, que ni el mismo Job lo hubiera aguantado.

[...] Su hija Pánfila era holgazana y tan amiga del padre Quieto, que no la movía un terremoto. Así es que la tía Holofernes empezaba riñendo con su hija cuando Dios echaba sus luces, y cuando las recogía aún duraba la fiesta.

FERNÁN CABALLERO

>>>>>> **Subraya en los textos anteriores los rasgos descritos mediante exageraciones.**

>>>>>> **Distingue, en ellos, entre retrato y caricatura.**

>>>>>> **Explica el orden que se ha seguido al realizar el retrato del Tío Lucas.**

78 Las descripciones caricaturescas de personas utilizan diferentes recursos lingüísticos:

- Emplea hipérboles, grandes exageraciones:
  orejas de elefante, ojos como cuevas, calvo como una bombilla; comerse uno el mundo, ser capaz de levantar un camión, suspender hasta el recreo.

- Animalizaciones, comparaciones con animales:
  uñas gatunas, olfato de perro, voz de cotorra, piernas de jirafa, pelo de oso.

- Comparaciones del habla coloquial:
  alto como una torre, delgado como un fideo, fuerte como un roble, lento como una tortuga, sordo como una tapia, terco como una mula, más bueno que el pan, más viejo que Matusalén.

Muchos chistes y frases ingeniosas se basan en exageraciones caricaturescas: *Era un hombre tan bajo, tan bajo, que se tenía que empinar para llegar al suelo.*

>>>>>> **Escribe frases o chistes que empleen estos recursos.**

79 Consulta en periódicos y revistas el empleo de caricaturas para describir a personajes públicos (políticos, deportistas, artistas...). Recorta tres que te gusten, pégalas en este cuaderno y a continuación las describes a tu manera empleando hipérboles y exageraciones.

80 Autoevaluación

PARA HACER EN TU CUADERNO

❑ Ahora vas a escribir un relato sobre la siguiente historieta. Observa y lee con atención el cómic de la página siguiente:

❑ Sigue las pautas:

- Señala los lugares que se ven en cada una de las viñetas.
- Describe con detalle las dos últimas escenas.
- Al contar la historia distingue tres momentos: presentación, desarrollo y desenlace. En la presentación describe los personajes protagonistas.
- Escribe sin torcerte. Recuerda que has de unir las letras en cada palabra

❑ **Practica caligrafía y copia:**

La descripción física es una prosopografía; la descripción moral, etopeya; una y otra a la vez, retrato.

TOMA, TE HE TRAÍDO EL ROMPECABEZAS QUE ME PEDISTE... ¿PARA QUÉ LO QUIERES EXACTAMENTE?
¡PERFECTO, PERFECTO!
¿500 PIEZAS? MMM... SE TARDAN CASI TRES HORAS EN COMPLETARLO.
¡HOLA, KID! ¡ESTOY EN LAS NUBES! ¡JA, JA!
¡HE INVENTADO UNA MÁQUINA PARA QUE HACER ROMPECABEZAS SEA MÁS FÁCIL!
¡YA VERÁS, ES GENIAL!
UNA VEZ EXTENDIDAS LAS PIEZAS, SE DESCIENDE PARA COGER UNA...
¡COJO UNA PIEZA!
PZZZ
ZZZZZ
AL ASCENDER, TIENES UNA PERFECTA VISTA PANORÁMICA DEL CONJUNTO.
PZZZZZ
ZZZ
VEAMOS ...
¡Y DESCIENDES PARA COLOCAR LA PIEZA EN SU LUGAR!
PZZZZZ
ZZ
¡VA AQUÍ!
PSSCHE. NO ME CONVENCE DEMASIADO.
¡ASÍ QUE UN ROMPEZABEZAS DE TRES HORAS SE TERMINA EN UNA HORA!
¡COJO OTRA PIEZA!
BUNK BUNK BUNK BUNK
¡...SÍ, CLARO, ERA UNA FRACTURA MÚLTIPLE, PERO RECONSTRUIR LOS HUESOS HA SIDO UN JUEGO DE NIÑOS!
POR DESGRACIA, NO HEMOS PODIDO HACER NADA POR SUS GAFAS...

7 Descripción de animales

81 Los animales, al igual que las personas, se describen atendiendo a los rasgos físicos y a su manera de ser y de comportarse.

>>>>>> **Lee y observa:**

La grajilla

Un día, en el Castillo de la Mota, hace ya muchos años, vi por primera vez una colonia de grajillas. Revoloteaban en torno a las almenas y con sus quia-quia-quia, reiterativos y desacompasados, organizaban una algarabía considerable. De lejos parecían negras y brillantes como los grajos, pero cuando las vi de cerca, observé que eran más chicas que aquéllos —más o menos del tamaño de una paloma— y no totalmente negras sino que el plumaje de la nuca y los lados del cuello eran gris oscuro y sus ojillos, vivaces y aguanosos, tenían el iris transparente.

Viviendo en Castilla, la grajilla se me ha hecho luego familiar, porque está en todas partes. Es un pájaro muy sociable, que divaga en grandes bandadas, a veces de cientos de individuos, y que mientras vuelan alrededor de las torres o los acantilados, sostienen entre ellos interminables conversaciones. No son racistas y, a menudo, se les ve asociadas con pájaros más grandes o más chicos que ellas, cuervos y estorninos, preferentemente, no siempre de la misma familia pero también de plumaje negro. Al parecer no les une una razón de parentesco sino el uniforme.

De ordinario, estas aves asientan en lugares próximos a cortadas rocosas y en torres antiguas o abandonadas, incluso dentro de las grandes ciudades. De la familia de los córvidos es el único pájaro que he visto con aficiones urbanas. La corneja, el cuervo, la graja no sólo rehúyen la ciudad sino que ante el hombre se muestran hoscos y desconfiados. En viejos edificios de altas torres, con agujeros y oquedades, la grajilla es huésped casi obligado, aunque luego, para comer, y, en ocasiones, para dormir —como sucede en Sedano— hayan de desplazarse varios kilómetros al caer la tarde, buscando acomodo.

La grajilla es sedentaria, vive, generalmente, en el mismo lugar en que nace, durante las cuatro estaciones del año. Sin embargo, he advertido que el bando que merodea por los frutales de Sedano no crece, no es hoy más nutrido que hace seis lustros, de lo que deduzco que, como sucede con las abejas, hay grupos que se escinden cuando la puesta es abundante [...]

La vida sedentaria obliga a las grajillas a comer de todo adaptando su dieta a los alimentos que les facilita cada estación. Las bayas y frutos de pequeño tamaño les entusiasman, pero se avienen a sustituirlos por caracoles y patatas cuando aquéllos escasean. La grajilla es buscona, ratera, como la urraca, roba de todo, desde fruta del granjero hasta los huevos de los nidos de pequeñas aves, que se comen en primavera. Por robar, roban a veces hasta la casa, nidos de otros pájaros, que ocupan tranquilamente aunque luego los acondicionen y decoren a su gusto. El nido de una grajilla evidencia las aficiones coleccionistas de la especie.

MIGUEL DELIBES, ***Tres pájaros de cuenta*, Ed. Miñón**

lustro: período de cinco años

>>>>>> **Subraya los elementos descriptivos en el texto.**

>>>>>> **Observa el guión que sigue Delibes y resume:**

- *Cómo es el cuerpo de la grajilla:*

- *Cómo es su manera de ser y de actuar:*

- *Dónde viven:*

- *De qué se alimentan:*

82

En el texto siguiente el autor selecciona rasgos característicos de cada animal. Lee y observa:

Trastienda de circo. Los animales aparecen por la derecha, se detienen al llegar al centro del escenario, recitan su papel y desaparecen seguidamente por la izquierda.

FOCA. *(Sosteniendo sobre el morro su pelota de colores.)* Yo soy la Foca, señores. Un carnívoro adaptado a la vida acuática. Me chiflan las sardinas, tengo los miembros transformados en aletas y, por esa razón, mis movimientos en tierra son lentos y torpes.

CAMELLO. Yo soy el Camello Bactrianus, con un par de hermosas jorobas y el estómago dividido en cuatro compartimientos. Conozco, además, mis posibilidades: durante cinco días, puedo soportar marchas de ocho kilómetros por hora, con una carga de hasta doscientos kilos.

ELEFANTE. *(Con cierta jactancia.)* Yo soy el Elephas Indicus. Fíjense en mi tamaño. Tengo la nariz soldada al labio superior y prolongada en una larga trompa. En mi cuerpo anida el alma de un **maharajá** difunto.

CHIMPANCÉ. Pues yo soy el chimpancé. Tengo la mirada más risueña que la del gorila y los orificios en la nariz menos acusados. El color de mi cara puede ir desde el rosa amarillento hasta el negro.

HOMBRE. *(Que se ha acercado silenciosamente, deslumbrado por la luz de las candilejas.)* ¿Y yo? ¿Quién soy yo?

En el patio de butacas se elevan cien voces, dando cada una su respuesta. El HOMBRE, *que en el griterío no puede escuchar algo concreto, se encoge de hombros y, con expresión resignada, hace mutis por la izquierda.*

JAVIER TOMEO, *Historias mínimas*, Ed. Anagrama

maharajá: título de príncipe en la India

>>>>>> **Solamente en un caso describe un rasgo del modo de ser de estos animales. Indícalo.**

>>>>>> **Señala con qué cualidades se describe a cada uno de los animales. Completa esta descripción con dos rasgos de su modo de ser o de comportamiento que conozcas.**

Ej.: La **foca** es un animal *carnívoro, de movimientos torpes y lentos en tierra, adaptado a la vida acuática*. Además es *simpática y juguetona*.

>>>>>> **¿Por qué ante la pregunta que se hace el hombre hay multitud de respuestas?**

83 En el habla coloquial caracterizamos a las personas con el nombre de un animal porque consideramos que tienen rasgos comunes, y realizamos comparaciones evocativas. Así, decimos que alguien es un *lince, gallina, gallito, perro, zángano, burro, hormiguita, cerdo, rata, serpiente, cernícalo, cuervo, búho.*

>>>>>> **Elige tres animales e inventa un diálogo, imitando el texto de Javier Tomeo.** En él el animal manifiesta acuerdo o desacuerdo, de manera razonada, ante esta utilización de su nombre.

Puedes empezar así.

PERRO: *Yo soy el perro. Cuando una persona es vaga y poco trabajadora, la insultan llamándole "perro". Pero yo no soy así, yo ayudo al hombre cuando me necesita en la caza, en el cuidado de las ovejas, en la vigilancia de la casa y en otras muchas cosas. Le soy siempre fiel y por eso me llaman su mejor amigo.*

Lo que ocurre es que, cuando no tengo nada que hacer, me tumbo en un lugar agradable y me hago el dormido. Por eso, podrían inventar otra palabra y dejarme a mí tranquilo.

84 Descripción objetiva y subjetiva.

>>>>>> Observemos las diferentes maneras de describir un animal; por ejemplo, un perro.

a

"Mamífero doméstico de la familia de los cánidos, de tamaño, forma y pelaje muy variados, según las razas, pero siempre con la cola de menor longitud que las patas posteriores. Tiene olfato muy fino y es inteligente y muy leal al hombre".

Diccionario de la RAE

b

Se ha extraviado un caniche enano, de pelo ensortijado y blanco, con un lunar rubio en la oreja izquierda; cojea de una pata trasera y responde al nombre de Bubi.
Llamar al
Sr. López. Tel. 919- 97 89 60.
Se recompensará.

c

Contramaestre

Contramaestre alcanzó este grado tras muchos esfuerzos y heroicos servicios bajo el mando de Jujú que, naturalmente, era el Capitán. Contramaestre era un perrito negro, pequeño, sin raza, pero tan simpático e inteligente como se pueda imaginar, y aún más. Sólo con una mirada Jujú le hacía entender sus deseos, y nunca hubo amigo más leal, fiel, cariñoso y noble. Era, en realidad, el brazo derecho de Jujú.

ANA Mª MATUTE, ***El polizón del Ulises***

- En los dos primeros ejemplos se trata de descripciones **objetivas**. En el primer caso, (texto A) hemos definido una clase de animal; es decir, señalamos las características del perro, comunes a toda la especie, tal y como las recogen los manuales de ciencias naturales o los diccionarios.
- En el segundo caso (texto B), informamos fielmente del aspecto de uno de ellos en particular.
- El tercer ejemplo (texto C) es bien distinto, es una descripción **literaria**, en la que intervienen muchos elementos subjetivos. Su objeto no es informar fielmente de la realidad, sino destacar aquellos aspectos más sugerentes, de manera que gusten y emocionen al lector.

>>>>>> Señala qué rasgos, de carácter subjetivo y literario, se han seleccionado de Contramaestre.

85 Seguramente tendrás algún animal en casa o conocerás alguno de un amigo. Realiza una descripción objetiva, imitando el texto del periódico.

86 Autoevaluación

PARA HACER EN TU CUADERNO

❑ Ahora vas a realizar una descripción literaria. Lee con atención:

Platero

Platero es pequeño, peludo, suave; tan blando por fuera, que se diría todo de algodón, que no lleva huesos. Sólo los espejos de azabache de sus ojos son duros cual dos escarabajos de cristal negro.

Lo dejo suelto, y se va al prado, y acaricia tibiamente con su hocico, rozándolas apenas, las florecillas rosas, celestes y gualdas... Lo llamo dulcemente: «¿Platero?», y viene a mí con un trotecillo alegre que parece que se ríe, en no sé qué cascabeleo ideal...

Come cuanto le doy. Le gustan las naranjas mandarinas, las uvas moscateles, todas de ámbar, los higos morados, con su cristalina gotita de miel...

Es tierno y mimoso igual que un niño, que una niña...; pero fuerte y seco por dentro, como de piedra. Cuando paso sobre él, los domingos, por las últimas callejas del pueblo, los hombres del campo, vestidos de limpio y despaciosos, se quedan mirándolo:

—Tien' asero...

Tiene acero. Acero y plata de luna, al mismo tiempo.

JUAN RAMÓN JIMÉNEZ, ***Platero y yo***, **Ed. Cátedra**

❑ Imagínate que Platero ha envejecido. Descríbelo imitando a Juan Ramón Jiménez. Puedes empezar así:

Platero es pequeño, con grandes calvas en su piel y pelo áspero. Los huesos del pobre se ven por todo su cuerpo. Sus ojos ya no son de negro de azabache, sino grises con una mirada perdida y triste...

❑ **Practica caligrafía. Copia uniendo las letras.**

La descripción de los seres mediante rasgos objetivos característicos de la especie es una forma de definición que se emplea en los diccionarios para explicar el significado de las palabras.

8 Descripción de objetos

87 Recuerda la diferencia entre definición y descripción objetiva y subjetiva y lee con atención:

Puente. Construcción de piedra, ladrillo, cemento, madera o hierro que se construye y forma sobre los ríos, fosos y otros sitios para poder pasarlos.

Delante de la casa del tío Granizo hay un puentecillo de madera, hecho con dos raíles del tren atravesados y cubiertos de tablones, con su barandilla y todo, pintado de verde.

ARTURO BAREA, *La forja de un rebelde*

>>>>>> Explica la diferencia entre una y otra forma de descripción.

88 En la vida diaria tenemos, a veces, que describir objetos. Observa cómo podríamos describir una llave inglesa:

La llave inglesa es un objeto de hierro que consta de un mango y una mordaza. La mordaza se puede abrir y cerrar mediante el giro de un tornillo. De esta manera, se adapta a las distintas tuercas que se han de apretar o aflojar.

En mi casa está guardada en la caja de herramientas de mi padre.

Para describir un objeto tienes que observarlo con detenimiento y, a continuación, contestar a todas o algunas de estas preguntas:

¿Qué es?
¿Cómo es? → { Materiales con que está fabricado. / Partes de que consta. / Si se puede percibir por los sentidos: a qué huele, sabe... }

¿Para qué sirve?
¿Dónde está?

>>>>>> **Elige dos objetos y descríbelos.**

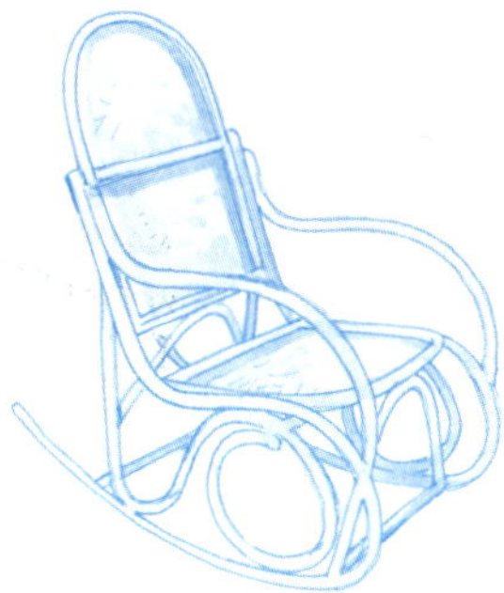

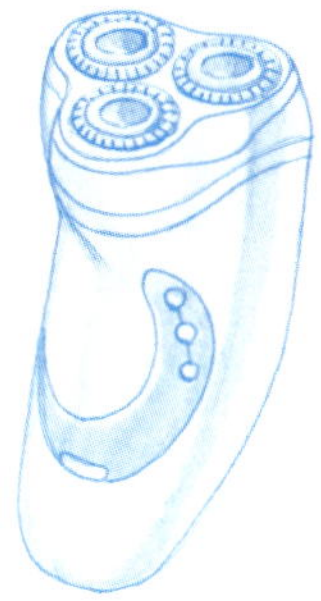

89 En la lengua literaria la descripción de objetos toma otra dimensión. Los objetos forman parte del escenario donde ocurren los hechos y están íntimamente ligados a los personajes. El autor selecciona aquellos detalles que son más sugerentes para el lector.

>>>>>> **Lee y observa:**

La silla

Madera; esparto; madera y esparto. Travesaños; respaldar; asiento. Una silla baja; baja para coser ante el costurero. Cosiendo; siempre cosiendo. La luz que ilumina el costurero y que ilumina la silla. Cuatro pies cortos; el asiento de delgada cuerda de esparto; o de paja. El respaldo con sus travesaños. El rayo de sol que entra por la ventana hace que los barrotes de la silla marquen su sombra en la pared blanca o en los ladrillos rojos. El vivo fulgor solar, en los **esplendentes** días claros, envuelve la silla. Como de oro, siendo de humilde pino; como de oro, en el ambiente áureo del pleno y radiante sol. Suave, discreta en la claridad de la luna; el silencio y el descanso; descanso, en las horas de la madrugada. La luz de la luna va girando lenta, dulce, acariciadora, en torno de la silla pobre de pino y esparto. La luz de

la luna que, al fin, desaparece y deja a la silla en la oscuridad; sólo alumbrada vagamente por el fulgor de las estrellas. Inmóvil, inalterable, a través del tiempo, con serenidad y sosiego. La madera de pino que ha ido adquiriendo una tonalidad oscura y que ha ido puliéndose en sus ángulos. Sin lo chillón de la madera nueva, ha entrado ya, con el tiempo, en la tonalidad del cuartito y del costurero. Ha logrado la suspirada armonía, en color y en líneas, con el ambiente que la rodea. Con todo lo que circunda —aire, cosas, seres humanos— a la humilde silla de pino. Más noble ahora, después de que se ha trabajado tanto en ella, que el más augusto sitial; más humana, más excelsa, que todos los sillones de maderas preciosas.

Una viejecita; **ébano** y marfil. Las ropas negras limpias; la cara y las manos, amarillentas. Ochenta años. Débil, sutil; si la abrazáramos, como queremos, tendríamos la sensación de que iba a deshacerse entre nuestros brazos; nos contenemos. Pudiéramos hasta derribarla en el suelo con sólo soplar ligeramente. Aérea; un jirón de humo negro. Arrebujada, a veces, en un rinconcito, sin hablar; sin reñir jamás; sin tener un gesto de desabrimiento. Y sin ser nadie; no es nadie esta viejecita. Si dijéramos su nombre, no se produciría ese movimiento de interés que se produce cuando se nombra a una persona ilustre. No es nadie; la hoja que cae en el otoño; el humo que asciende por la chimenea; la hierbecita que cogemos al borde de un camino; el milano que cruza por el cielo. En su rincón, el bulto de ébano y marfil. Un niño se acerca, y es, con sus mejillas coloradas, una rosa que ha aparecido de pronto al lado de lo negro y lo marfileño.

AZORÍN, ***Pueblo***, **Ed. Espasa-Calpe**

esplendentes: muy luminosos; **ébano:** madera muy oscura, casi negra.

>>>>>> **Recuerda que el párrafo está formado por un conjunto de oraciones que desarrollan un contenido unitario. Justifica la división del texto en dos párrafos.**

>>>>>> **Resume en una frase de qué trata cada uno de estos párrafos.**

>>>>>> **Subraya los elementos descriptivos de la silla y completa el cuadro siguiente:**

Datos objetivos	Datos subjetivos y literarios

>>>>>> **¿Qué tienen en común la silla y la viejecita que la emplea para coser?**

90 Autoevaluación

PARA HACER EN TU CUADERNO

Algunos de los objetos que empleamos en la vida ordinaria adquieren un interés especial y son cuidados y guardados con esmero por sus propietarios. Así, un reloj que ha pertenecido a tus abuelos o padres, una pluma estilográfica, un regalo de un amigo, algún juguete de la infancia, etcétera.

❑ Elige un objeto de especial interés para ti y descríbelo imitando a Azorín. Para ello emplea dos párrafos: uno para describir los rasgos objetivos, otro para exponer la importancia que tiene ese objeto para ti.

❑ **Practica caligrafía y copia.**

Para describir un objeto, se contesta a las preguntas qué es, cómo es, para qué sirve y dónde está.

9 Descripción de escenarios

91 El lugar o lugares por los que transcurre la acción del relato son presentados generalmente por el narrador y, en ocasiones, por alguno de los personajes. Ciudades, paisajes, barrios, calle, interior y exterior de las viviendas, etcétera, son descritos con minuciosidad mediante las palabras que, como pinceladas de un cuadro, dan color y vida a los escenarios.

Pero también se describen lugares con finalidad práctica, como ocurre en las guías de viaje.

Lee con atención:

La barraca

En el centro de estos campos desolados, que se destacaban sobre la hermosa vega como una mancha de mugre en un manto regio de terciopelo verde, alzábase la barraca, o más bien dicho, caía con su montera de paja despanzurrada, enseñando por las aberturas que agujerearon el viento y la lluvia su carcomido costillaje de madera. Las paredes, arañadas por las aguas, mostraban sus adobes de barro crudo, sin más que unas ligerísimas manchas blancas que delataban el antiguo **enjalbegado**. La puerta estaba rota por debajo, roída por las ratas, con grietas que la cortaban de un extremo a otro. Dos o tres ventanillas, completamente abiertas y martirizadas por los vendavales, pendían de un solo gozne, e iban a caer de un momento a otro, apenas soplase una ruda ventolera.

Aquella ruina apenaba el ánimo, oprimía el corazón. Parecía que del casuco abandonado fuesen a salir fantasmas en cuanto cerrase la noche; que de su interior iban a partir gritos de personas asesinadas; que toda aquella maleza era un **sudario** ocultando debajo de él centenares de cadáveres.

VICENTE BLASCO IBÁÑEZ, *La barraca*

enjalbegado: blanqueado; **sudario:** lienzo o tela con que se cubren los cadáveres.

CASTRILLO DE LOS POLVAZARES 5-A3*

CUCA LA VAINA

Menos barbitúricos y más hoteles como éste. Los médicos harían bien en aconsejar una semana de reposo entre piedras y galerías acristaladas antes de recetar al personal pastillas contra el estrés. ¿Qué puede haber más vitamínico que Castrillo de los Polvazares, uno de los pueblos pintorescos por excelencia de la Maragatería leonesa?

Piedras, galerías y hormigón estructurados audazmente por el arquitecto Juan Mugía Aguinaga. Él, junto con el pintor Sendo —socio fundador del establecimiento—, han sido los artífices de esta joya del hospedaje; uno, poniendo en pie las paredes, y el otro, vistiéndolas de sus cuadros.

Sin duda, el resultado es una lección de gusto popular, en línea con la obra de conservación que se ha hecho en la localidad. Pese al incómodo adoquinado, es posible llegar en coche hasta el torreón de entrada, junto a la iglesia parroquial.

FERNANDO GALLARDO, ***Pequeños hoteles con encanto***, **El País / Aguilar**

>>>>>> **Observa la descripción del Hotel Cuca la Vaina y señala qué ha seleccionado el autor. Fíjate en lo que se expone en cada uno de los párrafos.**

>>>>>> **Dada la finalidad práctica de este texto, si tú fueras el posible cliente, ¿qué información faltaría: campo de deportes, biblioteca, piscina...?**

>>>>>> **Lee el texto de *La barraca* y subraya los elementos descriptivos.**

>>>>>> **Observa y resume lo que se dice en cada párrafo y justifica la división del texto en dos.**

>>>>>> **El paisaje descrito produce sensaciones en el ánimo del autor, que éste transmite al lector. Señálalas.**

92 Imagínate que tu familia desea realizar un intercambio de casas para pasar las vacaciones de verano.

>>>>>> **Escribe una carta en la que cuentes con detalle cómo es la tuya.**

- Sigue un orden: de lo general (extensión, número de habitaciones...) a lo particular (cómo es el salón, la cocina, las habitaciones, el garaje, el jardín...).
- Precisa dónde está situada (en la ciudad, en el campo, cerca de la montaña, de un río, de un centro comercial...).
- Informa de datos de interés del entorno: arte (castillos, iglesias, monasterios, museos...), rutas ecológicas, diversiones (montar a caballo, pasear en bicicleta...), etcétera.

93 **La descripción dinámica o cinematográfica.** La descripción de la barraca es estática: el autor describe el paisaje y la barraca como si fueran una fotografía.

Pero también pueden describirse espacios en movimiento, como lo hace una cámara cinematográfica a través de la cual el director de la película nos describe y narra la acción, lo que vemos.

>>>>>> **Lee y observa:**

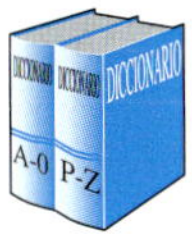

La casa abandonada

Pensó Alfanhuí que podría entrar en la casa bajando por las ramas. El matorral era espesísimo, le sujetaba bien y parecía no acabarse nunca. Alfanhuí se iba hundiendo, apartando las ramas y las hojas con pies y manos. Algunos momentos le parecía que los tallos se estrechaban y querían apretarlo y ahogarlo en su maraña. Por fin, sintió vacío debajo de su pie; los últimos hilos de la enredadera bajaban, como cuerdas, dentro de la casa. Alfanhuí se descolgó por ellos y, de un salto, llegó al suelo. Retumbó el golpe en la oscuridad. Oyó un huir de ratas. Alfanhuí se quedó un momento parado. Había una gran oscuridad y tan sólo se veía una vaga mancha de luz en el suelo. Alfanhuí se acercó, era una chimenea. En la mancha de luz se veían las sombras de dos pájaros, posados arriba en el techo, sobre el borde de la chimenea. Piaban lejanamente y sus sombras se movían en el suelo. Alfanhuí encendió una cerilla. Apareció una habitación grande como un salón, pero que no tenía un solo mueble. Las puertas eran blancas con filetes dorados. La chimenea era de mármol. Todo era blanco y oscuro. Con otra cerilla pasó a otra habitación más grande que también tenía chimenea. Sobre la chimenea había un espejo y dos candelabros de bronce. Encendió todas las velas. También el marco del espejo era blanco, con ribetes dorados. Se miró en él. El espejo tenía una luz honda y amarilla: "¡Qué antiguo soy!", se dijo, y sonrió. Luego se alejó del espejo todo lo que pudo y se miró de nuevo, allá al fondo. Desde allí se hizo un saludo con la mano:

¡Alfanhuí, qué antiguo eres!

RAFAEL SÁNCHEZ FERLOSIO, *Alfanhuí*,
Ed. Destino

>>>>>> **Subraya los elementos descriptivos.**

>>>>>> **Completa el cuadro siguiente:**

Lugares por donde pasa Alfanhuí	Cosas que se describen
baja por las ramas	*el matorral era espesísimo;...*

94 Lee la historieta siguiente y observa los escenarios en que se desarrolla la acción:

>>>>>> **Señala los escenarios donde se desarrollan los acontecimientos de la historia.**

>>>>>> **Describe los escenarios de cada viñeta con detalle, especialmente la primera.**

Ej.: *Se ve un plano general del campamento romano. En la parte izquierda vemos a unos romanos que están cocinando la comida, otros juegan a los dados y detrás, al fondo, uno corre tras un pato para matarlo. En el centro...*

>>>>>> **Redacta un texto en el que cuentes lo que ocurre, describiendo los escenarios.**

95 Autoevaluación

PARA HACER EN TU CUADERNO

El espacio no aparece nunca de forma aislada, sino en estrecha relación con otros elementos, como el *tiempo* y los *personajes*. El autor tiende a infundirle vida, a relacionarlo intensamente con los sentimientos o los afanes de los personajes; es el marco en el que éstos se mueven e influye de manera decisiva en ellos, condicionando su forma de ser y de actuar: favoreciendo su felicidad, motivando sus reacciones, provocando su desasosiego o asfixia.

Confesión de un autor

La mesa en que yo trabajo está junto a una ventana baja, apaisada, sin cristales; abajo, a derecha e izquierda, se extiende una calle recta, blanca, estrecha, de limpias casas bajas; enfrente se abre una callejuela corta, en pendiente; un carpintero golpea en esta calle con su mazo de cuando en cuando; una extensión parda, negruzca, de tejados de mil formas y alturas se ofrece ante mi vista.

Yo tengo una profunda simpatía por los tejados. Yo amo los tejados viejos, los tejados silenciosos, los tejados impasibles, los tejados de las vetustas ciudades, los tejados que se muestran planos, anchos, soberbios, en los palacios y en las catedrales, o los tejados pequeñitos que parecen esconderse en un rincón, en la sombra, en la profundidad de dos esquinazos, o los tejados locos, audaces, que adoran las ventanas y que sobresalen para mirarlas en un anchuroso alero sostenido por **ménsulas** carcomidas, **alabeadas**. Yo tengo, sobre la mesa, ante mí, las blancas cuartillas y contemplo un instante, antes de ponerme a escribir, el panorama de las techumbres. A lo lejos, al final de lo negros tejados, aparecen las cimas gráciles, ondulantes, cimbreantes, de dos, cuatro eucaliptos, que me **atalayan** atentas, curiosas, femeninas, por encima de las casas de la ciudad: son los eucaliptos de un jardín sombroso y fértil; después de ellos, más allá, en el fondo, ya aparecen las anchas y suaves laderas de una montaña; a trechos, por entre la verdura de los sembrados —si es en invierno—, o de las viñas —si es en verano—, destacan serpenteando, reptando hacia la altura, perdiéndose, reapareciendo, los senderos blancos; dos, tres casas refulgen nítidas; una línea de almendros retorcidos surge acá y allá, **exornando** los dorados ribazos. Y en lo alto, la roca ya pelada, limpia, de la montaña, se recorta con una silueta de altibajos suaves en un cielo diáfano, brillante, de añil intenso, luminoso.

Yo aparto mi vista, al fin, de estas laderas, de estas cumbres radiantes, de esta bóveda azul, y me apresto a escribir. Son las ocho de la mañana; ésta es la hora en que la pequeña ciudad comienza a vivir. Ya han sonado allá abajo, en la iglesia, las primeras campanadas graves, profundas, de misa mayor; las herrerías ya están cantando; un gallo cacarea a lo lejos con un grito fino, metálico; el carpintero golpea de tarde en tarde con su mazo sonoro. Este es el momento en que todos los ruidos, todas las luces, todas las sombras, todos los matices, todas las cosas de la ciudad tornan a entrar, tras la tregua de la noche, en su armoniosa síntesis diaria. ¿No sentís vosotros esta concordancia secreta y poderosa de las cosas que nos rodean? ¿No veis en esta pequeña ciudad una vida tan intensa, tan bella como la de las más grandes y tumultosas urbes del mundo? Todo merece ser vivido en la vida; no hay nada que sea inexpresivo, que sea opaco, que sea vulgar a los ojos de un observador.

AZORÍN, ***Tiempos y cosas***

ménsulas: repisa o apoyo; **alabeadas:** superficie con forma combada o curva; **atalayan:** mirar desde lo alto; **exornando:** adornando.

❑ Observa y señala el orden seguido en la descripción.

❑ Describe, imitando a Azorín, lo que ves desde tu ventana. Ten en cuenta estas pautas:

- Sigue el mismo orden y señala cómo influye en tus sentimientos la observación de lo que ves.
- Emplea tres párrafos, cada uno con cinco o siete oraciones sencillas.
- Escribe con letra clara y sin torcerte.

❑ Practica caligrafía. Escribe uniendo las letras:

Los sucesos que acaecen a los personajes del relato se desarrollan en uno o varios escenarios

❑ **Copia:**

a b c ch d e f g h i j k l ll m n ñ o p q r s t u v w x y z

10 Descripción de ambientes

96 Tanto en la vida real como en los relatos, los personajes entran, a veces, en contacto con un conjunto de objetos o circunstancias a la vez, en las que todos ellos contribuyen a provocar un mismo estado de ánimo, todos ellos coinciden en provocar la misma impresión: alegría o euforia, tristeza, miedo, suspense, etcétera. En este caso decimos que se recrea un ambiente.

Así, cuando paseamos de noche por las callejuelas de una ciudad, la escasa iluminación, las sombras, los ruidos..., producen una sensación de miedo; y, cuando vamos a una fiesta, las luces, el colorido, el bullicio de la gente..., nos produce una sensación de euforia y de alegría.

>>>>>> **Lee y observa:**

La primavera

En mi duermevela matinal, me malhumora una endiablada chillería de chiquillos. Por fin, sin poder dormir más, me echo, desesperado, de la cama. Entonces, al mirar el campo por la ventana abierta, me doy cuenta de que los que alborotan son los pájaros.

Salgo al huerto y canto gracias al Dios del día azul. ¡Libre concierto de picos, fresco y sin fin! La golondrina riza, caprichosa, su gorjeo en el pozo; silba el mirlo sobre la naranja caída; de fuego, la oropéndola charla, de chaparro en chaparro; el chamariz ríe larga y menudamente en la cima del eucalipto; y, en el pino grande, los gorriones discuten desaforadamente.

¡Cómo está la mañana! El sol pone en la tierra su alegría de plata y de oro; mariposas de cien colores juegan por todas partes, entre las flores, por la casa —ya dentro, ya fuera—, en el manantial. Por doquiera, el campo se abre en estallidos, en crujidos, en un hervidero de vida sana y nueva.

Parece que estuviéramos dentro de un gran fanal de luz, que fuese el interior de una inmensa y cálida rosa encendida.

JUAN RAMÓN JIMÉNEZ, ***Platero y yo***

>>>>>> **A lo largo del texto observamos una evolución en los sentimientos del personaje. Explícalo.**

>>>>>> **Señala los sentimientos que expone el poeta y las cosas que los producen.** Ten en cuenta que, a veces, los sentimientos no aparecen explícitos, sino que se deducen por el modo de hablar o de actuar el personaje. Puedes empezar así:

Al principio, lo que él cree griterío de chiquillos le produce malhumor.

>>>>>> **¿Qué ambiente describe aquí Juan Ramón Jiménez?**

97 Observa las siguientes fotografías y señala cinco objetos o circunstancias que recreen un ambiente.

98 Autoevaluación

PARA HACER EN TU CUADERNO

En las historietas gráficas también se recrean ambientes en los que se desarrolla la acción de los personajes.

❑ Observa y lee con atención el cómic de la página siguiente.

❑ Redacta la historia que refiere, teniendo en cuenta las pautas siguientes:

- Observa qué aspectos crean ambiente, para describirlos con el mayor detalle en tu relato.
- Distingue en tu redacción tres partes: planteamiento, que se corresponde con la primera viñeta; el desarrollo ocupa el resto de las viñetas, a excepción de la última, donde tiene lugar el desenlace.
- Une las letras de las palabras y no te tuerzas.

❑ **Practica y copia:**

A veces, un conjunto de objetos, o circunstancias que ocurren a la vez, contribuyen a provocar un mismo estado de ánimo en los personajes; es decir, recrean un ambiente.

(Fuente): El Pequeño País

11 Descripción de un proceso

99 Recibe el nombre de proceso el conjunto de fases o etapas por las que pasa un fenómeno natural o una operación que realizan los hombres. Así, hablamos del proceso que sufre una flor desde que nace hasta que se marchita o de los pasos que hay que realizar para cocinar una tortilla de patatas.

>>>>>> **Lee y observa:**

La rosa

Cuando se abre en la mañana,
roja como sangre está.
El rocío no la toca
porque se puede quemar.
Abierta en el medio día
es dura como el coral.
El sol se asoma a los **vidrios**
para verla relumbrar.
Cuando en las ramas empiezan
los pájaros a cantar
y se desmaya la tarde
en las violetas del mar,
se pone blanca, con blanco
de una mejilla de sal.
Y cuando toca la noche
blanco **cuerno de metal**
y las estrellas avanzan
mientras los aires se van,
en la raya de lo oscuro,
se comienza a deshojar.

FEDERICO GARCÍA LORCA

vidrios: invernadero; **cuerno de metal:** la luna.

Para observar y describir un proceso, se fijan unos puntos de mira: la forma, el color, el olor, etcétera, y se deja que transcurra un espacio de tiempo; se vuelven a observar esos mismos aspectos, y así en etapas sucesivas.

>>>>>> **Señala los momentos temporales en el poema y los aspectos que se describen.**

Al amanecer: *la rosa está roja como la sangre*

A mediodía: ______________________

Por la tarde:

Cuando llega la noche:

100 Describe el proceso de cepillarte los dientes en tres momentos: coger el cepillo y ponerle pasta, modo de cepillarse (de arriba abajo, la parte izquierda, derecha, sin presionar en exceso) y, finalmente, dejar todo colocado como estaba al principio.

101 **Cuéntalo a tu manera**. Lee con atención el siguiente poema:

Para hacer un retrato de un pájaro

Pintar primero una *jaula*
con una puerta abierta;
pintar luego
algo bonito,
algo sencillo,
algo bello,
algo útil para el pájaro.
Colocar luego el cuadro junto a un *árbol*.
en un *jardín*,
en un *bosque*,
o en una *selva*,
Esconderse detrás del árbol
sin decir nada,
sin moverse...
Cuando el pájaro llegue,
si llega,
mantened el más profundo silencio,
esperad que el pájaro entre en la jaula
y cuando ha entrado
cerrad suavemente la *puerta* con el *pincel*.

Después
borrad uno a uno todos los barrotes
teniendo el cuidado de no tocar ninguna
[pluma del pájaro.

JACQUES PREVERT, ***Paroles***

>>>>>> **Ahora vas a escribir el texto en prosa, señalando los momentos que se indican y poniendo adjetivos y comparaciones a los nombres que van en cursiva. Puedes también completarlo con detalles propios.**

Pintar primero una jaula dorada y con lazos verdes. Pintar luego un balancín bonito y sencillo. Colocar, a continuación, un cuadro con figuras de vivos colores...

102 Imagínate que tienes que exponer en un examen el ciclo reproductor de las medusas. Observa la ilustración y redacta el proceso con los datos que aparecen.

Las medusas pican a 150 millones de personas al año en todo el mundo

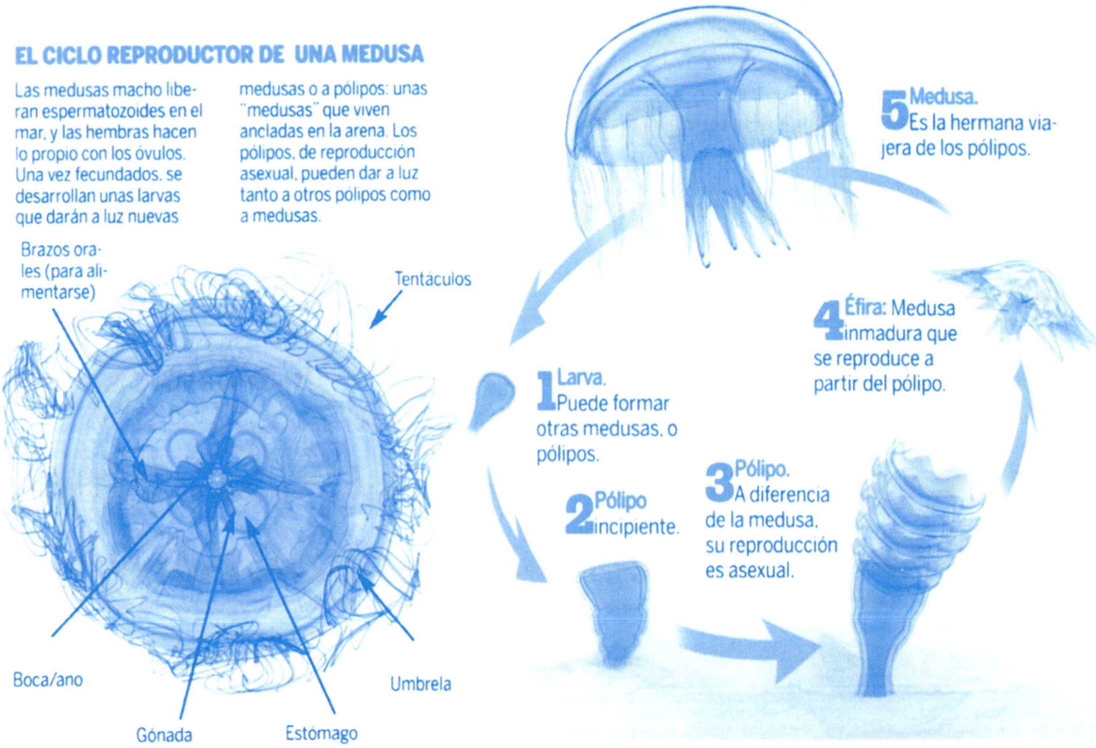

103 Autoevaluación

PARA HACER EN TU CUADERNO

También se puede describir un proceso con humor.

❏ Lee con atención:

Instrucciones para llorar

Dejando de lado los motivos, atengámonos a la manera correcta de llorar, entendiendo por esto un llanto que no ingrese en el escándalo, ni que insulte a la sonrisa con su paralela y torpe semejanza. El llanto medio u ordinario consiste en una contracción general del rostro y un sonido espasmódico acompañado de lágrimas y mocos, estos últimos al final, pues el llanto se acaba en el momento en que uno se suena enérgicamente.

Para llorar, dirija la imaginación hacia usted mismo, y si esto le resulta imposible por haber contraído el hábito de creer en el mundo exterior, piense en un pato cubierto de hormigas o en esos golfos del estrecho de Magallanes en los que no entra nadie, nunca.

Llegado el llanto, se tapará con decoro el rostro usando ambas manos con la palma hacia dentro. Los niños llorarán con la manga del saco contra la cara, y de preferencia en un rincón del cuarto. Duración media del llanto, tres minutos.

JULIO CORTÁZAR, ***Historias de cronopios y de famas***, **Ed. Edhasa**

❏ Escribe un texto, imitando a Cortázar, señalando el proceso de producir la risa a alguien que está triste.

12 Descripción de sentimientos

104 En nuestra vida diaria, en las relaciones que tenemos con las personas o ante la observación de las cosas, experimentamos y sufrimos multitud de sentimientos y emociones: alegría, enfado, aversión, desprecio, simpatía, disgusto, entusiasmo, optimismo, envidia, caridad, solidaridad...

>>>>>> **Lee los siguientes poemas:**

Yo no sé

Yo no sé lo que busco eternamente
en la tierra, en el aire y en el cielo;
yo no sé lo que busco, pero es algo
que perdí no sé cuándo y que no encuentro,
aun cuando sueñe que invisible habita
en todo cuanto toco y cuanto veo.
Felicidad, no he de volver a hallarte
en la tierra, en el aire ni en el cielo,
¡aun cuando sé que existes
y no eres vano sueño!

ROSALÍA DE CASTRO

Rima XXX

Asomaba a sus ojos una lágrima
y a mi labio una frase de perdón;
habló el orgullo y se enjugó su llanto,
y la frase en mis labios expiró.
Yo voy por un camino, ella, por otro;
pero al pensar en nuestro mutuo amor,
yo digo aún: ¿por qué callé aquel día?
Y ella dirá: ¿por qué no lloré yo?

GUSTAVO ADOLFO BÉCQUER

>>>>>> **El poema de Rosalía expone la añoranza de algo perdido. Señala qué es y resume brevemente el argumento, lo que se dice.**

>>>>>> **¿Qué sentimientos se exponen en la rima de Bécquer?**

>>>>>> **Cuenta a tu manera cómo se describen esos sentimientos.**

105 En nuestra vida diaria vivimos muchos sentimientos y emociones. Observa las siguientes ilustraciones:

>>>>>> **Imagínate que estás en una y otra clase. Describe lo que ves en las ilustraciones en tres párrafos: narra la situación comunicativa, y describe los sentimientos que sentiste ante las explicaciones del profesor en cada una de las clases.**

106

El monólogo interior. A veces las personas, cuando vivimos una emoción fuerte, hablamos con nosotros mismos: realizamos un monólogo interior.

>>>>>> Lee con atención:

Es doloroso tener que ahogar este cariño inmenso que ha echado raíces en mi corazón. Es doloroso, pero inevitable, como inevitable también y doloroso es tener que ahogarlo en la tristeza y en la soledad, donde flotan todos los sentimientos que no se dejan ahogar con resignación, todos los sentimientos que se rebelan, impotentes, contra su destino, como esos gatitos recién nacidos que tardan en ser tragados por el agua donde la molinera cruel los arrojó y en la que se debaten con sus torpes bracitos mientras el almendro que da sombra a la escena y el alacrán que escarba bajo la piedra conservan su rítmico respirar, sin inmutárseles ni una sola fibra.

Es cruel y amarga la indiferencia de lo que está vivo y rozagante hacia lo que, mustio y derrotado, se muere lentamente. El candoroso pájaro de la mañana que vuela alegre sobre los sembrados no dedica ni su más fugaz mirada hacia el ave herida por el cruel cazador, hacia la triste alondra que se arrastra como si fuera un topo, porque toda su gracia se la llevó aquel tiro que se fue rebotando, de piedra en piedra, por la colina. Y la mujer que baila, gozosa y semiborracha, sobre el parqué; la mujer que goza de la vida y que es amada por los hombres; la mujer que viste sus lujosos vestidos para trasnochar su corazón a los compases cariñosos y acariciadores de las orquestas de zíngaros, ¿piensa acaso en mí, que soy mujer como ella, y que arrastro mi juventud, de la que tan poco me queda ya, por los sanatorios? No, no nos engañemos. Ni piensa en mí, ni le importo. Y si oye hablar a las amigas de mi enfermedad y de mi triste destino, procurará olvidar en seguida todo lo que haya oído. ¿Para qué recordar las tristezas? Quizá tenga razón, quizá sea esa la sana filosofía. ¿Para qué recordar las tristezas?

Pero yo no quiero pensar que el limpio pájaro que cruza por el cielo sea malo. Yo no quiero pensar que la liviana muchacha que se pasa las noches con la espalda al aire y rodeada de smokings sea mala.

Sería estar despechada y desesperada, cosas que todavía, gracias a Dios, no estoy. Me alimenta la esperanza y me atosiga el pensar que algún día pueda perderla.

¿Por qué pensaré estas cosas?

CAMILO JOSÉ CELA, ***Pabellón de reposo***,
Ed. Destino

>>>>>> Señala el empleo de las formas verbales y del adjetivo en el monólogo interior.

>>>>>> **Al describir sentimientos hay que recurrir a comparaciones. Señala qué comparaciones emplea Cela.**

107 Imagínate que un día te peleas con tu mejor amigo o amiga. De vuelta a casa, muy enfadado porque has sido injusto, y *te has pasado*, vas hablando contigo mismo sobre ese hecho.

>>>>>> **Escribe tal y como te vienen las ideas o emociones. Ten en cuenta que el pensamiento está incontrolado por las emociones.**

>>>>>> **Narra, describe o expón los hechos en primera persona.**

108 Observa la escena siguiente:

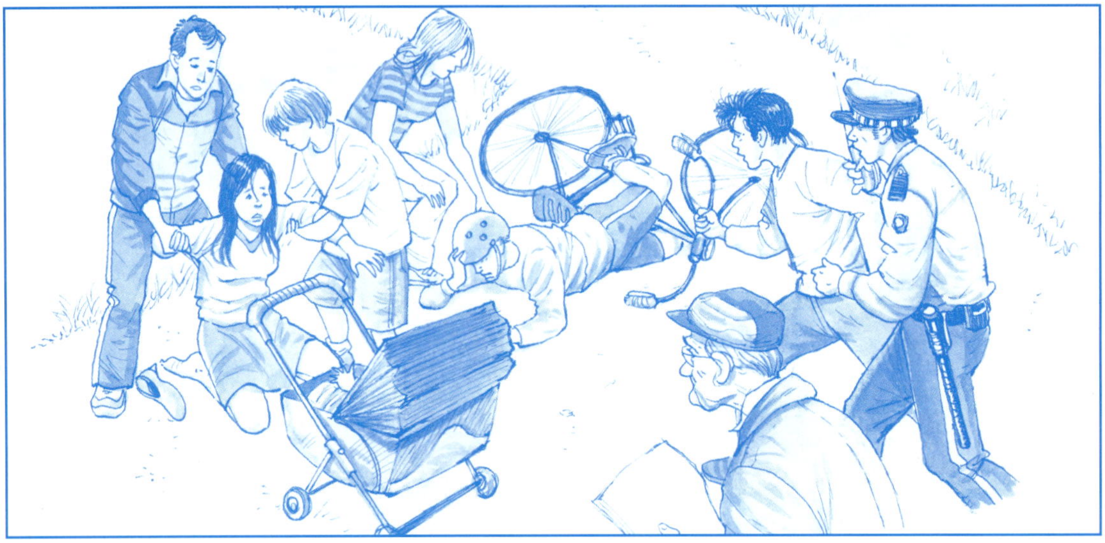

Elige a alguno de los personajes, imagínate lo que sintió y pensó y escribe el monólogo correspondiente.

- El ciclista que está caído en el suelo.
- La mamá del niño.
- Alguno de los personajes que han presenciado la escena.
- Un guardia que intervino para hacer el informe del accidente.

109 Autoevaluación

PARA HACER EN TU CUADERNO

En muchas ocasiones, la observación de la naturaleza y del mundo circundante produce sentimientos de diverso tipo.

❑ Lee y observa:

El amor

Estaban al borde de un ribazo. Eran tres chopos jóvenes, el tronco fino, de un gris claro, erguido sobre el fondo pálido del cielo, y sus hojas blancas y verdes revolando en las ramas delgadas. El aire y la luz del paisaje realzaban aún más con su serena belleza la de aquellos tres árboles.

Yo iba con frecuencia a verlos. Me sentaba frente a ellos, cara al sol de mediodía, y mientras los contemplaba, poco a poco sentía cómo iba invadiéndome una especie de beatitud. Todo en derredor de ellos quedaba teñido, como si aquel paisaje fuera un pensamiento, de una tranquila hermosura clásica: la colina donde se erguían, la llanura que desde allí se divisaba, la hierba, el aire, la luz.

Algún reloj, en la ciudad cercana, daba una hora. Todo era tan bello, en aquel silencio y soledad, que se me saltaban las lágrimas de admiración y de ternura. Mi efusión, concentrándose en torno a la clara silueta de los tres chopos, me llevaba hacia ellos. Y como nadie aparecía por el campo, me acercaba confiado a su tronco y los abrazaba, para estrechar contra mi pecho un poco de su fresca y verde juventud.

LUIS CERNUDA, ***Ocnos***

❑ Seguramente alguna vez has vivido emociones y sentimientos como Cernuda, ante la observación de la naturaleza. Narra el hecho y describe los sentimiento y emociones que sentiste.

13 Descripción de seres fantásticos

110 Como sabes, todos los relatos literarios son imaginarios, fruto de la mente del autor. Pero, además, en algunos de ellos los personajes, animales, objetos, escenarios o hechos no son verosímiles, sino fantásticos. No han existido ni pueden existir en la realidad.

En muchos cuentos, novelas y tebeos que lees, aparecen seres fantásticos: cosas, plantas, animales, etcétera.

>>>>>> Lee con atención:

Las hadas del melonar

A la izquierda del camino hay un melonar extenso; entre las matas oscuras, campo adentro, se levanta una cabañita puntiaguda, hecha con carrasca y con retama.

—¿Veis? Esa es la cabañita de las hadas del melonar —dice la niña rubia a sus padres.

—¿Vosotros os creéis que era la casa del guardia de los melones? Pues no. Es la de las hadas —añade la niña morena, con un poco de picardía en los ojos, y otro poco de compasión por la ignorancia de los mayores.

—¿Sí? ¿Habéis visto vosotras a las hadas del melonar? —preguntaban los padres.

—¡Uy, muchas veces! Las conocemos muy bien.

—Vaya... ¿Y cómo se llaman?

—La mayor se llama Celinda, y la segunda Fernanda. Son dos hadas. El guarda de los melones es amigo de ellas y se llama Manolo. No vayáis a creer que es un hado. Es un hombre como todos, sólo es amigo de las hadas y vive con ellas.

—¿Y serán muy guapas Celinda y Fernanda? —preguntaban los padres, que están siempre dispuestos a informarse sobre las cosas de las hadas.

—Celinda sí, es preciosa —asegura la niña rubia—. Es delgadita y así de alta, como yo. Tiene el pelo muy rubio y muy largo. Le baja hasta el suelo por delante, y luego se lo sube por detrás hasta la cabeza otra vez, y lo lleva atado con una cinta amarilla. Tiene los ojos azules y la cara blanca y brillante. No sabéis lo guapa que es. Y lleva un traje largo, de tul azul, con estrellas bordadas. El cucurucho es de cartón forrado de terciopelo rosa, y se lo ata a la cabeza con cintas de raso. Y por las piernas lleva perlas, perlas, perlas, en vez de medias. Y tiene zapatos de terciopelo rojo, con perlas también. Cuando se mancha de polvo los zapatos de terciopelo, el guarda Manolo se los cepilla por las noches, porque la quiere mucho. A Fernanda no la quiere tanto, porque es orgullosa y bastante fea.

—¿Cómo puede ser una hada orgullosa y fea?

—Bueno, es que Fernanda no está coronada todavía. Está aprendiendo a ser hada, pero no se puede con ella. Es muy mala y nunca va a aprender.

—¿Qué es lo que hace? —preguntan los padres, intrigados con los defectos del hada Fernanda. Y la niña pequeña se apresura a acusarla:

—Se come todas las sandías y todos los melones. Eso es lo que hace. Por las mañanas empieza a comer melones, melones y melones. Por la tarde come sandías, sandías y sandías. Se ha puesto gordísima, y no parece un hada ni nada.

Y añade su hermana:

—El traje que tiene, de tul colorado, se le ha quedado corto, por las rodillas, y se le ha enganchado en las plantas de los melones y está todo roto. También se ha enganchado el pelo y Manolo se lo ha tenido que cortar; así que no parece un hada. Y se le ha puesto el pelo moreno. Y también se le han enganchado en las plantas las perlas de las piernas y se le han perdido todas las perlas por el suelo. Y ella se pasa la vida llorando: "¡Que quiero medias, que quiero medias, que se me ha quedado corto el traje y quiero medias!". Fíjate qué tontería.

—Bueno, y ¿qué hacen las hadas Celinda y Fernanda? —preguntaban los padres.

—Pues eso: aprender a ser hadas. Soplan en las flores para que salgan los melones, y así van aprendiendo a hacer cosas mágicas. Soplan flojito, para que salga un melón, y soplan fuerte para que salga una sandía. Y para los calabacines hacen sólo un suspirito.

—Pero no tienen todavía varita mágica —explica la pequeña—. Las varitas se las darán cuando las coronen, y entonces tienen que irse a las montañas de Ávila, con todas las hadas.

MARÍA LUISA GEFAELL, ***Las hadas de Villaviciosa de Odón***, **Ed. Alfaguara**

>>>>>> **A lo largo del relato se van describiendo cosas, personajes y las propias hadas. Subraya los elementos descriptivos del texto.**

>>>>>> **Completa el cuadro siguiente para describir a las hadas**

Hada	Apariencia externa		Carácter y personalidad
	Rasgos físicos	Modo de vestir	
Celinda			
Fernanda			

>>>>>> **Como puedes observar, las hadas están descritas con rasgos humanos. ¿Qué detalles o acciones son propias de seres fantásticos?**

111 A lo largo de la historia los hombres han creado seres fantásticos que están muy arraigados en sus leyendas y tradiciones. Muchos de ellos tienen figura humana. Observa las ilustraciones y lee con atención.

El Gato con Botas

Seres mágicos de cuento

Texto: Carlotta Lafuente / Ilustrador: Enrique Almendros

Seguro que a nadie que conozca la astucia de los felinos le extrañará que las botas de siete leguas acabaran en manos del Gato con Botas. Lamentablemente, una vez muerto el minino, no se ha vuelto a saber nada más del mágico calzado capaz de transportar a su usuario a velocidades supersónicas; las Botas de Siete Leguas permiten avanzar unos 35 kilómetros a cada zancada, ya que una legua equivale a casi cinco kilómetros.

Sabemos que su primer propietario fue un ogro francés, a quien consiguió arrebatárselas Pulgarcito mientras el gigante dormía una siesta. Siendo ya muy viejo el pequeño héroe, las botas quedaron arrinconadas y acabaron en un basurero. De allí las rescató un avispado gato, que servía a un molinero con tres hijos. El menor de ellos recibió en herencia al animal, que con su astucia, y ayudado por las botas de siete leguas, convirtió en marqués al joven y lo casó con la hija de un rey.

ntrevista al Ogro

amos con el Señor Ogro, el primer poseedor de las as mágicas y uno de los seres de cuento con peor a de la historia.

—Señor Ogro, ¿cree usted que se merece su a reputación?

—Por supuesto que no, lo que pasa es que es / cómodo para los escritores de cuentos tener al- en a quién echarle la culpa de todo.

—¿Qué opinión tiene del Gato con as?

—¡Ni me lo mientes! Ese no se comió a mi primo, un o saladísimo que podía sformarse a volun- Aprovechándose su candidez, ese ueñajo lo retó a vertirse en ratón zás!, se lo zam- le un bocado.

EL PEQUEÑO PAÍS

(Fuente): El Pequeño País

>>>>>> **En la cinta de ilustraciones hay muchos personajes protagonistas de historias fantásticas. Localiza una sirena, un centauro y un unicornio, y descríbelos. A continuación, consulta en una enciclopedia y resume en qué relatos aparecen.**

112 Seguramente has visto últimamente alguna película en la que intervienen seres fantásticos. Resume brevemente su argumento y describe a algunos de sus personajes.

113 Autoevaluación

PARA HACER EN TU CUADERNO

❑ Lee con detenimiento el texto de *El Pequeño País* sobre la historia de *El Gato con Botas*. Inventa una historia entre El Gato con botas y el Ogro. Para ello ten en cuenta lo siguiente:

- La historia ha de tener un final feliz: Gato y Ogro se hacen amigos.
- Comienza el cuento con la expresión:

  Érase una vez en un lejano país...

  Y finalízalo diciendo:

  Y fueron felices, porque desde entonces olvidaron la rivalidad y disfrutaron de una amistad duradera.
- Debes distinguir claramente en tu historia tres partes: la presentación de los personajes y el motivo del conflicto que da lugar a la acción; el desarrollo y el desenlace.
- Los personajes protagonistas han de estar descritos minuciosamente. Observa rasgos físicos y modo de vestir, que percibes en las ilustraciones; e inventa rasgos que caracterizan el modo de ser de los protagonistas.

14 Escribir un cuento

Seguramente habrás visto en tu colegio o instituto carteles en los que se anima a escribir y participar en concursos de relatos cortos o de poesía. Además, los premios suelen ser muy interesantes: colecciones de libros o incluso bastante dinero. Aquí te vamos a dar pautas para que te animes a participar en un concurso de relatos.

Para escribir un cuento tienes que seguir el proceso que te indicamos e ir tomando decisiones. La redacción la haces en tu cuaderno o en folios en blanco, como te indiquen.

1. ¿QUÉ ES UN CUENTO?

Un cuento es un relato breve en el que se narra una historia imaginaria o verosímil.

Recuerda que narrar es referir hechos que ocurren a unos personajes en un lugar y tiempo determinados.

Los hechos relatados pueden ser:

- **Reales**, como las anécdotas, noticias de prensa y crónicas.
- **Imaginarios**, como los cuentos, leyendas, novelas y poemas épicos.

A su vez las narraciones imaginarias pueden ser:

- **Realistas,** si refieren hechos verosímiles, es decir, que no vulneran las normas de la realidad, podrían ocurrir o haber ocurrido.
- **Fantásticas,** si relatan hechos inverosímiles, como que intervengan hadas, hablen los animales o se realicen viajes a otros planetas.

ESCRIBIR UN CUENTO	DECISIONES QUE VAS A TOMAR
El cuento, pues, es una narración imaginaria, realista o fantástica.	*Tienes que inventar una historia y decidir si ha de ser realista, fantástica o bien en la que se alternen elementos realistas y fantásticos.*

2. LA SITUACIÓN COMUNICATIVA Y LA INTENCIONALIDAD

Cuando un escritor escribe una obra —poema, relato o texto dramático— lo hace para que otras personas disfruten con su lectura o representación. Pretende siempre establecer un acto de comunicación con otras personas. Observa ahora en qué consiste este acto comunicativo y las decisiones que has de tomar para redactar tu cuento.

SITUACIÓN COMUNICATIVA	DECISIONES QUE VAS A TOMAR
Los textos, en general, y el relato, en particular, se producen en situaciones de comunicación en las que: – Un emisor, el escritor – Produce un texto, un relato, una historia – Para un receptor, el lector – En un marco social determinado: el mundo de la ficción literaria. – Con una finalidad: entretener.	• *El autor, que eres tú, inventa o recrea una historia.* • *Tienes que partir de la intención, de tu propósito: entretener o divertir a los lectores, aunque, unido a ello, puedas transmitir tus ideas, sugerencias, etcétera.*

3. EL TEMA Y EL ARGUMENTO

En toda obra literaria se distinguen el contenido —el tema y el argumento— y la forma —la organización del contenido y el modo de usar el idioma—. Después veremos la forma; ahora vamos a ver el contenido.

Se entiende por **argumento** o **asunto** de un texto la sucesión de hechos o acontecimientos que se desarrollan en él. Se expresa a través de un breve resumen del texto que debe conservar los detalles más importantes. Para resumir el argumento de un texto, debe responderse a la pregunta *qué dice el texto*.

El tema es la formulación breve y clara que responde a la pregunta de *qué trata el texto*.

>>>>>> **Observa y lee con atención:**

El niño que no sabía jugar

Había un niño que no sabía jugar. La madre le miraba desde la ventana ir y venir por los caminillos de tierra, con las manos quietas, como caídas a los dos lados del cuerpo. Al niño, los juguetes de colores chillones, la pelota, tan redonda, y los camiones, con sus ruedecillas, no le gustaban. Los miraba, los tocaba, y luego se iba al jardín, a la tierra sin techo, con sus manitas, pálidas y no muy limpias, pendientes junto al cuerpo como dos extrañas campanillas mudas. La madre miraba inquieta al niño, que iba y venía con una sombra entre los ojos. "Si al niño le gustara jugar yo no tendría frío mirándole ir y venir". Pero el padre decía, con alegría: "No sabe jugar, no es un niño corriente. Es un niño que piensa".

Un día la madre se abrigó y siguió al niño, bajo la lluvia, escondiéndose entre los árboles. Cuando el niño llegó al borde del estanque, se agachó, buscó grillitos, gusanos, crías de rana y lombrices. Iba metiéndolos en una caja. Luego, se sentó en el suelo, y uno a uno los sacaba. Con sus uñitas sucias, casi negras, hacía un leve ruidito, ¡crac!, y les segaba la cabeza.

ANA M.ª MATUTE, ***Los niños tontos***

IGUALDAD

Es niños o niñas, altos o bajos, gordos o flacos, gitanos o payos, todos somos iguales en derechos.

IDENTIDAD

Es ser uno mismo, tener un nombre, una nacionalidad.

FOTOGRAFÍA "MUJERES SIN TIERRA". El trabajo, la vida y el sufrimiento de las mujeres saharauis en los campos de refugiados de Tinduf (Argelia) son las cuestiones que el fotógrafo Clemente Bernad retrata en su exposición *Mujeres sin tierra.* La muestra, que se podrá contemplar hasta el 6 de abril en la sede del Centro Andaluz de Fotografía en Almería, habla sobre unas mujeres que viven en el exilio desde hace 23 años, entregadas al trabajo abnegado y al amor de su tierra. Todo en blanco y negro. / M.C.

CLEMENTE BERNAD

EL TEMA Y EL ARGUMENTO	DECISIONES QUE VAS A TOMAR
El argumento responde a la pregunta **qué dice el texto**.	• *Piensa en un tema que te interese: el amor entre jóvenes, la solidaridad, la justicia...*
El tema responde a la pregunta de **qué trata el texto**.	• *Inventa una sencilla trama en la que se manifieste en tema elegido.*

4. ELEMENTOS DE LA NARRACIÓN

El relato literario siempre narra hechos imaginarios y está formado por una serie de elementos: un narrador, una historia o acontecimientos, unos personajes, un tiempo y un espacio en el que transcurren los hechos que suceden y, a veces, se recrea un ambiente.

Un trozo de pan (con chocolate)

Me abordó a poca distancia de mi casa. Estábamos a finales de la primavera y hacía por lo menos dos semanas que le habíamos dado el pasaporte al tiempo fresco. Pero él llevaba todavía una americana de pana, un poco raída por los codos, con las solapas levantadas, cubriéndose la nuca, y una gorra de franela hundida hasta los ojos. No se había afeitado desde hacía días, tal vez para dar más miedo. Pero no daba mucho. Más bien daba lástima.

Yo le seguí la corriente por pura solidaridad, a pesar de que, desde el primer momento, me di cuenta de que la pistola con la que me apuntaba, a un palmo de la nariz, era de chocolate; de chocolate con leche, que es el que más me gusta. Tuve que hacer verdaderos esfuerzos para poner una cara de circunstancias, medianamente convincente, y no clavar un buen mordisco a aquel tentador cañón que temblaba bajo mis ojos.

Me apoyé en la pared contemplando al atracador, que torcía la cabeza hacia un lado y hacía chasquear la lengua, mientras buscaba las palabras para decirme que aquello era un atraco. Al ver su embarazo, opté por hacerle un gesto de inteligencia, dándole a entender que me hacía cargo de la situación y empecé a rebuscarme los bolsillos. Al fin saqué medio paquete de negro, un encendedor tirando a viejo, un pañuelo, un bono de autobús medio gastado, doscientas treinta y cuatro pesetas y el carné de identidad.

—El carné me lo quedo. A usted no le servirá de nada y a mí me hace mucha falta.

El atracador dijo que sí con la cabeza mientras tragaba saliva ruidosamente.

Le entregué todo lo demás y le pregunté si necesitaba alguna otra cosa. Él hizo un movimiento brusco con la pistola, como dando el asunto por terminado e indicándome que podía irme. Fue entonces cuando el cañón, ablandado por el calor de su mano, perdió su consistencia y tornó flácido, marchito. Yo hice como que no me daba cuenta, cosa que me costó bastante trabajo, si tenemos en cuenta que aquél era el chocolate que más me gustaba. Haciendo un esfuerzo le pregunté:

—¿Está usted en el paro, tal vez?

En mala hora se lo pregunté. El hombre tuvo un sobresalto, dio un traspiés, que por poco le hace perder el equilibrio, y dejó caer el arma encima de mis pantalones, dejándolos hechos una pena. Y lo peor fue que no se pudo aprovechar la pistola, porque al caer, como estaba tan blanda, se mezcló con la tierra que había en el suelo.

El atracador se echó a llorar como una magdalena. ¡No había forma humana de consolarlo!

—¿Está usted parado o lo hace por vicio? —le preguntaba yo por decir algo, angustiado al verlo llorar con tanto desconsuelo.

No quiso contestarme. Su respuesta fue devolverme todo lo que me había quitado, dándome además una insignia del Barça a modo de indemnización. Al fin abrió la boca para decirme que, aparte de la insignia, no tenía nada más que ofrecerme. Yo le contesté que prefería que me aclarara por qué se dedicaba a un trabajo tan ingrato y con unas herramientas tan poco serias. Se negó en redondo a responder. Moqueó, levantó la cabeza, se levantó las solapas de la chaqueta, que se le habían bajado, y, con las manos en los bolsillos, se marchó dejándome plantado en medio de la calle, más solo que la una.

Por lo menos habría podido acompañarme hasta la puerta de mi casa. Todo el mundo sabe que andar solo por esas calles, según a qué horas, es un tanto peligroso.

Lancé una última mirada al chocolate que había en el suelo y continué mi camino. Después de todo, aquel atracador debía de ser un pedazo de pan. Con chocolate.

JOLES SENNELL, *Dolor de rosa*,
Ed. Espasa-Calpe

>>>>>> Observa y anota para tu cuento....

1. NARRADOR	DECISIONES
El narrador: es quien da vida al relato y conduce la acción de la historia. Puede adoptar dos puntos de vista: estar fuera de la historia y narrar los hechos en tercera persona o bien ser un personaje que participa en la historia y narrar los hechos en primera persona.	• *Si lo narras en primera persona, tienes que contar sólo lo que un testigo de los hechos puede observar.* • *Cuando lo narras en tercera persona, puedes imaginarte cuanto quieres sin límites para tu fantasía, porque actúas como un dios sabelotodo.*

2. HISTORIA	DECISIONES
La historia está formada por una serie de acontecimientos o sucesos relacionados y enlazados entre sí. Un resumen de los acontecimientos más importantes se llama argumento. En la historia los acontecimientos se estructuran en tres fases: • **Planteamiento**. El narrador describe al personaje o personajes más importantes de la obra, se presenta el conflicto y se expone el marco temporal y espacial en el que se van a desarrollar los sucesos. • **Desarrollo**. Se muestra la actuación de los personajes ante el conflicto que les hace reaccionar y actuar. • **Desenlace**. Se resuelve el conflicto o conflictos de la historia. El final de los sucesos, que puede ser feliz, desgraciado o incierto.	• *El cuento, por su brevedad, requiere que su estructura sea precisa y sencilla.* • *Al comienzo del relato no deben faltar la presentación de los personajes y del conflicto. El personaje narrador no necesita presentación en muchos casos, como ocurre en el cuento de Joles Sennell. Tampoco es absolutamente necesaria una precisión temporal o espacial, porque en el cuento interesa, de modo especial, el desarrollo de la acción.* • *El final ha de cuidarse con esmero: puede sorprender al lector o generar en su ánimo un sentimiento acorde con la intencionalidad del autor.*

3. PERSONAJES	DECISIONES
Los personajes son seres que causan o sufren los acontecimientos. Normalmente son personas, pero también pueden ser animales o cosas que toman caracteres humanos. A lo largo del relato los vamos conociendo por distintos procedimientos: • Las descripciones que hace el narrador sobre sus apariencia física y su carácter. • Las declaraciones de otros personajes sobre él y de la forma de relacionarse unos con otros. • La información que proporciona el propio personaje mediante su modo de hablar, sus gestos, los hechos que realiza y su relación con otros personajes.	• *Los personajes del cuento deben ser pocos y estar descritos mediante rasgos precisos, sin excesivos detalles. Consulta en este cuaderno el modo de hacerlo.* • *Tienen que estar claramente diferenciados el protagonista y el antagonista, con sus ayudantes respectivos.* • *Por eso, se dan a conocer principalmente por su modo de hablar y de actuar en el relato.*

4. ESPACIO Y TIEMPO	DECISIONES
La existencia humana transcurre entre dos coordenadas: la temporal y la espacial. Resulta imposible concebir nuestra vida sin hacer alusión a un antes, un ahora y un después. Igualmente, nuestra existencia está ligada a un espacio, muy reducido en los primeros años de nuestra infancia, que vamos ampliando conforme el tiempo pasa y las necesidades personales requieren. El lugar o los lugares por los que transcurre la acción del relato son presentados generalmente por un narrador y, en ocasiones, por alguno de los personajes. Ciudades, paisajes, barrios, calles, exterior e interior de las viviendas, etc., son descritos con minuciosidad mediante las palabras que, como pinceladas de un cuadro, dan color y vida a los escenarios. A veces, no interesa señalar el lugar o el tiempo y así en muchos cuentos tradicionales se empieza con las expresiones *"Érase una vez"*, *"Érase que se era"*, *"En un país"*, etcétera.	• *Observa que en el cuento de Ana María Matute no se hace referencia al espacio y al tiempo, pero en el de Joles Sennell la acción discurre en la calle, cerca de la casa del narrador y es primavera, si bien no se describen.* • *Si deseas describir el escenario de la acción, consulta el apartado correspondiente de este cuaderno, pero no señales excesivos detalles. Recuerda que el lector debe concentrar su atención en el desarrollo de los acontecimientos.* • *Cuando quieras dotar a tu relato de intemporalidad, emplea expresiones del tipo: «una día cualquiera, en una ciudad cualquiera...»*

5. AMBIENTE	DECISIONES
El **ambiente** es el conjunto de sensaciones que produce el relato en el oyente o lector debido a las circunstancias que envuelven a los personajes, los espacios, los hechos, etc. Así se dice que un relato es de misterio, de terror, cómico, trágico...	• *Si te fijas, en el cuento de Joles Sennell hay una serie de hechos y circunstancias que provocan la sonrisa del lector: el atracador está descrito como un auténtico «malo», lleva una pistola de chocolate, se echa a llorar, regala a su víctima una insignia del Barça...* • *Todo ello imprime al texto un tono humorístico. Procura que tu relato recoja también una serie de hechos o circunstancias que recreen un ambiente.*

5. REDACCIÓN Y CORRECCIÓN. EN BUSCA DE UN ESTILO PROPIO

El texto escrito, para tener calidad, debe respetar unas normas de presentación, limpieza, márgenes y sangrías, etcétera, que ya conoces. También ha de cuidarse una construcción oracional sencilla y la corrección ortográfica.

Pero en el relato literario debes procurar, además, usar el idioma con un estilo propio y, dentro de tus posibilidades, con cierta belleza. Para que entiendas esto, lee con atención los textos siguientes. En ellos el escritor guatemalteco Augusto Monterroso explica el proceso que siguió un personaje para hacerse escritor. El texto de la izquierda contiene graves deficiencias, propias de sus primeros pasos en la creación literaria; el de la derecha aparece revisado y corregido y presenta calidad literaria.

Leopoldo (y sus trabajos)

Había una vez un perro muy bonito que vivía en una casa. Era de raza fina y como tal, bastante chiquito. Su dueño era un señor muy rico con un hermoso anillo en el dedo meñique que tenía una casa de campo, pero un día le dio gana de ir a pasar unos días en el campo para respirar aire puro, pues se sentía enfermo, pues trabajaba mucho en sus negocios que eran de telas por lo que podía comprar buenos anillos y también ir al campo, entonces pensó que tenía que llevar al perrito pues si él no lo cuidaba la criada lo descuidaba y el perrito iba a sufrir pues estaba acostumbrado a ser cuidado con cuidado. Cuando llegó al campo siempre con su mejor amigo que era el perrito pues era viudo las flores estaban muy bonitas pues era primavera y en este tiempo las flores están muy bonitas pues es su tiempo.

El perro es un animal hermoso y noble. El hombre no cuenta con mejor amigo ni aun entre los hombres, en los que se dan con dolorosa frecuencia la deslealtad y la ingratitud. En una elegante y bien situada mansión de la populosa ciudad vivía un can. De raza fina, era bastante pequeño, pero fuerte y valiente en extremo. El dueño de este generoso animal, caballero rico y pudiente, tenía una casa de campo. Fatigado por sus múltiples e importantes ocupaciones, un día decidió pasar una temporada en su quinta campestre; mas preocupado por el trato que el perro podía recibir durante su ausencia de parte de la servidumbre desenfrenada, el bondadoso y próspero industrial llevó consigo al agradecido perro. Sí; temía que los groseros criados lo hicieran sufrir con su indolencia y descuido.

El campo en primavera es muy bello. En esta dulce estación abundan las pintadas flores de deslumbrantes corolas que extasían la vista del polvoriento peregrino; y el melifluo gorjeo de los alegres y confiados pajarillos es una fiesta para los delicados oídos del sediento viajero. ¡Fabio, qué bello es el campo en primavera!

AUGUSTO MONTERROSO, *Cuentos*

Solucionario

1. CALIDAD DEL TEXTO ESCRITO

1. La carta de la derecha está bien redactada, pero la de la izquierda presenta graves deficiencias, tanto en la forma como en el contenido.

- Observa cómo debería escribirse:

> *Estoy pasando unos días en La Antilla, la playa de Lepe. Mi padre dice que ha merecido la pena desplazarnos tantos kilómetros para veranear en una zona tan bonita. La playa es inmensa, la gente amable, y del ambiente no te digo.*
>
> *El jueves pasado visitamos Doñana, un parque natural único, y tuvimos muchas suerte porque estaba la marisma llena de agua y de flamencos. Lo recorrimos en un todoterreno y lo que más nos gustó fueron las dunas móviles, en las que la arena de la playa arrastrada por el viento se va comiendo el pinar hasta llegar al Guadalquivir. De allí, vuelve de nuevo al mar.*
>
> *Espero verte en Agosto porque me imagino que algo tendrás que estudiar, como yo.*
>
> *Un beso.*

- En cuanto al contenido, el escritor de la primera carta no estructura en párrafos y emplea oraciones extensas y mal puntuadas.
- En cuanto a la forma vemos que no respeta los márgenes, aparecen tachaduras y faltas de ortografía (ha merecido, Doñana, agosto; días, único, más móviles, tendrás...) y la letra no es clara y legible.

1.1. ORGANIZACIÓN DEL TEXTO: EL GUIÓN Y EL PÁRRAFO

3. En el texto se dicen tres cosas:

- Primero, nos presenta al personaje, Pepeta, que va a observar el paisaje.
- Después, describe lo que ve Pepeta: el abandono en que se encuentran los campos del tío Barret: llenos de abrojos y de plantas parásitas.
- Finalmente, nos cuenta y describe qué bichos asquerosos vivían en aquellos campos.

4. Los párrafos, en que el autor dividió el texto, se corresponden con cada una de las ideas anteriormente expuestas. Observa qué texto comprenderían; te señalamos el principio y el final:

- Pero aquella mañana, Pepeta [...] para verla mejor.
- Los campos del tío Barret [...] de esas que sólo surgen en las ruinas y los cementerios.
- Bajo las frondosidades de esta selva minúscula [...] para arrojarlas sobre aquellos terrenos malditos.

2. DESCRIBIR Y NARRAR

10. Resumen del argumento:

El niño perdido es llevado por la policía a la Casa del Niño. Avisaron a la Comisaría del hallazgo. Localizaron a la madre, se presentó llorosa, cuando Paco estaba en el comedor. Contó que debió perderse al ir ella a lavar. Madre e hijo se abrazaron y se fueron llorando.

❑ Los elementos descriptivos van en cursiva.

El niño perdido

La Casa del Niño era muy grande, vista por ojos pequeños. A ella llevaron los guardias una mañana temprano a *un niño gordito, morenucho, con los ojos más verdes que el mar*. [...]

—Paco —*contestó con inesperado vozarroncillo simpático*. [...]

Avisaron a la Comisaría el hallazgo y paradero del niño. Cuando llegó el mediodía ingresó con todos los que acudían a los comedores, y se instaló en *una mesita con flores, ensaladeras alargadas por lechugas y uvas espléndidas junto a los platos de carne con patatas*. [...]

Apareció, *llorosa, una mujer de pelo negro y ojos claros*, como los del niño.

Entonces lo besó mucho su madre, lo abrazó, y se fueron juntos... Comiendo él, limpiándose las lágrimas ella.

❑ Completar cuadro:

- Casa del Niño: era muy grande.
- niño: gordito, morenucho, con los ojos más verdes que el mar
- madre: llorosa, pelo negro y ojos claros.

2.1. LA SITUACIÓN COMUNICATIVA

11. Completar cuadro:

A) Es un poema. El emisor, autor, es el poeta Vicente Aleixandre. El receptor es cualquier persona que lee o escucha, y entiende, el poema. | Pertenece al mundo de la ficción literaria. | Persigue conseguir que los lectores u oyentes sientan la emoción que el poeta quiere transmitir: el esfuerzo e interés del niño pequeño para integrarse con los mayores en el juego.

B) Es una guía de turismo. El emisor es el autor de esta guía: César Justel; el receptor quien la lea. | Pertenece, igualmente, a los medios de comunicación. | La finalidad que persigue es informar a los lectores sobre lugares de interés turístico y de sus formas de alojamiento.

C) Es un anuncio publicitario. El emisor es la empresa anunciadora; el receptor cualquier persona que vea y comprenda el anuncio. | Pertenece a los medios de comunicación. | La finalidad que persigue es convencer a los receptores para que compren y consuman el producto que se anuncia.

2.2. LA DESCRIPCIÓN: MODELOS Y PAUTAS

13. Los elementos descriptivos van en cursiva.

A) De las aves que conozco, el cárabo es —aparte la gaviota reidora— la única que *tiene la propiedad de reírse: una carcajada descarada, sarcástica, un poco lúgubre, un "juuuj-ju-juuuuuj" agudo y siniestro que le pone a uno los pelos de punta*. Parece ser que estas risotadas del cárabo están relacionadas, en cierto modo, con el celo y la procreación, ya que, después de la puesta, su canto se dulcifica y aquellas carcajadas, aunque se siguen produciendo, no es tan fácil escucharlas.

El cárabo es rapaz de noche, hábil cazador, cabezón, ligero y, a diferencia de otras aves nocturnas, como el búho o el autillo, desorejado, con un cráneo redondeado y liso. Color castaño moteado, pico curvo amarillo-verdoso y con unos discos grises o rojizos alrededor de los ojos que le dan la apariencia de una viejecita con gafas, escéptica y cogitabunda, el cárabo no tiene las pupilas amarillas como el resto de las rapaces nocturnas, sino marrones oscuras o negras. Semejante a un pequeño tronco de árbol debido a su plumaje mimético, al cárabo, cuando se inmoviliza de día en el interior del bosque, es difícil distinguirlo, parece una rama más. Pero, en ocasiones [...]

B) Muchos años después había de recordar aquella tarde remota en que su padre lo llevó a conocer el hielo.

Al ser destapado por el gigante, el cofre dejó escapar un aliento glacial. Dentro sólo había *un enorme bloque transparente, con infinitas agujas internas en las cuales se despedazaba en estrellas de colores la claridad del crepúsculo.* Desconcertado, sabiendo que los niños esperaban una explicación inmediata, José Arcadio Buendía se atrevió a murmurar:

— *Es el diamante más grande del mundo* [...]

❑ Miguel Delibes, en la descripción del cárabo, ha observado:

- En primer lugar, la forma de reírse; después describe su habilidad como ave rapaz; a continuación, cómo es físicamente.

❑ Gabriel García Márquez ha seleccionado en el hielo el tamaño, la forma y el color.

- Podría haber señalado también del hielo otras cualidades: frío (temperatura), resbaladizo, quebradizo.

❑ En el anuncio del agua mineral, para exponer los datos, se sigue el orden siguiente:

- La empresa que vende los patines, Decathlon, y a quien va dirigido el producto: a mujeres y a hombres.

- Las características de los patines: comodidad, seguridad, manejabilidad y facilidad de desplazamiento.

- La información del precio.

14.

❑ Rasgos lingüísticos en la descripción de Delibes:

- Empleo casi exclusivo del presente de indicativo. Ello es debido a que las características señaladas en el cárabo se presentan como permanentes y propias de esta especie.

- Nombres y adjetivos: una carcajada descarada, sarcástica, un poco lúgubre, un "juuuj-ju-juuuuuj" agudo y siniestro. Su canto se dulcifica.
  El cárabo es rapaz de noche, hábil cazador, cabezón, ligero. Con un cráneo redondeado y liso. Color castaño moteado, pico curvo amarillo-verdoso y con unos discos grises o rojizos alrededor de los ojos. El cárabo no tiene las pupilas amarillas, sino marrones oscuras o negras. Su plumaje mimético.

- Comparaciones: le dan la apariencia de una viejecita con gafas; semejante a un tronco de árbol, debido a su plumaje mimético... Parece una rama más.

3. LA OBSERVACIÓN

16. Completar cuadro.

Sentidos	Percepciones
Vista: dónde está, forma, color, tamaño, partes de que consta.	En el jardín; sobre la hierba silenciosa; gigantesco melocotón; de aspecto deslumbrante; de suaves curvas parecía de plata y cristal; era como una inmensa bola de plata.
Olfato: olores que emite.	Olor agridulce de los melocotones maduros.
Tacto: temperatura, consistencia.	Lo tocó con la punta del dedo: era suave, cálido, delicado como la piel de un ratoncillo recién nacido; rozó su cara contra la suave piel. Tenía un túnel lóbrego y húmedo y las paredes húmedas y pegajosas. Se golpeó la cabeza contra el hueso del melocotón, lo palpó y era de madera.
Oído: sonidos que emite.	Oyó una voz...
Gusto: sabores.	Del techo caían gotas de jugo de melocotón, lamió y tenía un sabor delicioso.

18.

1. Aspa rota del molino.
2. Nube derecha.
3. Puerta izquierda del molino.
4. Techo del molino derecho.
5. Oreja izquierda del burro.
6. Chaleco de Sancho Panza.
7. Trasera del cañón.
8. Hombrera izquierda de don Quijote.
9. Punta de la lanza.

3.1. CÓMO ANALIZAR SENSACIONES VISUALES

22. Resumen de los elementos narrativos:

El autor Gerald Durrell visitó la casa señor Kralefsky porque tenía interés en conocer los pájaros que criaba. Subieron al desván y se encontró con un ruido ensordecedor de cantos de pájaros de todas clases y colores. Mientras el señor Kralefsky les daba de comer y beber, se dedicó a observarlos. Finalmente fijó su atención en un roquero solitario que, al verse observado, se puso coqueto, infló el buche y comenzó a emitir breves cloqueos.

23. Los elementos descriptivos de sensaciones visuales van en cursiva y entre paréntesis qué aspecto se describe.

La casa del señor Kralefsky

Subimos al piso de arriba por una escalera chirriante y nos paramos ante una *puerta forrada de verde* (color). Él sacó entonces un *inmenso manojo de llaves* (tamaño) que repiquetearon musicalmente mientras buscaba la indicada; la metió en la cerradura, le dio una vuelta y empujó la pesada puerta. De la habitación salió *un chorro de luz cegadora* (tamaño y luz), y con él un coro ensordecedor de canto de pájaros como si el miserable pasillo de la casa de Kralefsky desembocara en las puertas mismas del Paraíso. Era aquello *un inmenso desván* (tamaño) que casi ocupaba todo el piso alto. Estaba sin alfombrar, y la única pieza de su mobiliario era *una mesa grande* (tamaño) de pino colocada en el centro. Pero las paredes estaban revestidas, desde el suelo hasta el techo, *de hileras superpuestas* (forma) de *jaulas grandes y espaciosas* (tamaño) llenas de docenas de pájaros que trinaban y revoloteaban. Cubría el suelo una *capa delgada de alpiste* (tamaño) [...]

Mi primera impresión de que todos los pájaros eran canarios resultó ser errónea; para mi deleite descubrí que *había jilgueros pintados como payasos de rojo, amarillo y negro; verderones tan verdes y amarillos como las hojas de limonero en verano; pardillos con su pulcro traje de tweed blanco y chocolate; camachuelos de orondo buche rosado* (color), y otras muchas especies. En una esquina del recinto encontré unas puertas de cristales que daban paso a un mirador. A cada extremo del mismo se había construido *un gran aviario* (tamaño); en uno de ellos vivía *un mirlo macho, negro y aterciopelado, con un pico chillón color amarillo plátano* (color), y en el de enfrente, *un pájaro de aspecto semejante al de un tordo y vestido en el más suntuoso plumaje azul, una maravillosa combinación de matices desde el marino al celeste* (color).

—Es un roquero solitario —anunció Kralefsky, asomando de improviso para señalarme *el bello ejemplar* (forma)—; me lo mandaron el año pasado, cuando aún era un polluelo... de Albania, sabes. Desdichadamente, todavía no he podido procurarle una dama [...]

24. Clasificación de nombres y adjetivos de colores:

blanco:	bayo, cándido, albo, armiñado, nacarado
negro:	bruno, apizarrado, ahumado, endrino, bronceado, negruzco
rojo:	colorado, púrpura, encarnado, arrebol, carmín, carmesí, escarlata, grana, magenta, burdeos, granate
amarillo:	oro, rubio, pajizo, cetrino, ocre, trigueño, alazán, beige, crema, crudo, cobrizo, ámbar, gualdo
rosa:	rosado, rosáceo, rosicler, salmón, asalmonado, fucsia
morado:	lívido, violáceo, lila, morado, malva, cárdeno
gris:	marengo, ceniciento, cenizo, plomizo
marrón:	castaño, sepia, zaino, tabaco, avellanado, agarbanzado, pardo, parduzco
verde:	verdinegro, oliva, verdegay, aceituno, esmeralda, caqui
azul:	cerúleo, turquesa, índigo, añil, azulgrana, celeste, azur, azulado

26. Respuesta orientativa:

un blanco *nieve*
un azul *azafata*
un amarillo *oro*
un gris *marengo*
un verde *esmeralda*
un rojo *carmín*
un *blanco* plata
un *verde* oliva
un *amarillo* limón
un *azul* cielo
un *gris* plomizo
un *rojo* fresa

3.2. CÓMO ANALIZAR SENSACIONES AUDITIVAS

32. Los elementos descriptivos de sensaciones auditivas van en cursiva.

El bautizo de Paco

Recordaba Mosén Millán el día que bautizó a Paco en aquella misma iglesia. La mañana del bautizo se presentó fría y dorada, una de esas mañanitas en que *la grava del río* que habían puesto en la plaza durante el Corpus *crujía de frío bajo los pies*. Iba el niño en brazos de la madrina, envuelto en ricas mantillas, y cubierto por un manto de raso blanco, bordado en sedas blancas, también. Los lujos de los campesinos son para los actos sacramentales. Cuando el bautizo entraba en la iglesia, *las campanitas menores tocaban alegremente*. Se podía saber si el que iban a bautizar era niño o niña. Si era niño, *las campanas —una en un tono más alto que la otra— decían: no és nena, que és nen; no és nena, que és nen. Si era niña cambiaban un poco, y decían: no és nen, que és nena; no és nen, que és nena.* La aldea estaba cerca de la raya de Lérida, y los campesinos usaban a veces palabras catalanas.

Al llegar el bautizo *se oyó en la plaza vocerío de niños*, como siempre. El padrino llevaba una bolsa de papel de la que sacaba puñados de peladillas y caramelos. Sabía que, de no hacerlo, *los chicos recibirían al bautizado gritando a coro frases desairadas* para el recién nacido, aludiendo a sus pañales y a si estaban secos o mojados.

Se oían rebotar las peladillas contra las puertas y las ventanas y a veces contra las cabezas de los mismos chicos, quienes no perdían el tiempo en lamentaciones. *En la torre las campanitas menores seguían tocando: no és nena, que és nen,* y los campesinos entraban en la iglesia, donde esperaba Mosén Millán ya revestido.

36. Clasificación de adjetivos:

sonido fuerte:

atronador, estentóreo, horrísono, detonante, estrepitoso, estruendoso, vibrante, estridente, retumbante, rechinante

sonido suave:

susurrante, cadencioso, rumoroso

sonido agradable:

susurrante, cadencioso, rumoroso, crujiente

sonido desagradable:

atronador, estentóreo, horrísono, cavernoso, detonante, penetrante, estrepitoso, estruendoso, estridente, gangoso, bronco, retumbante, destemplado, insistente, martilleante, rechinante, chirriante.

39. Las palabras onomatopéyicas van en cursiva:

Onomatopeyas

En la plataforma, *plas, plas, plas*, de un autobús, *tuf, tuf, tuf*, de la línea S (en el silencio sólo se escuchaba un susurro de abejas que sonaba), *¡pii!, ¡pii!...* pintarrajeado de rojo, a eso del medio *ding-dong-ding-dong* día, gemía la gente apretujada, *¡aj!, ¡aj!* Y he aquí *quiquiriquí* que un gallito *gilí, ¡tururú!*, que, *¡puaf!*, llevaba un sombrerucho, *¡fiu!*, se volvió cabreado, *brr, brr*, contra su vecino y le dijo, *hm, hm*: «Oiga, usted me está empujando adrede». Casi se pegan, *plaf, smasch*, pero en seguida el pollo, *pío, pío*, se lanzó, *¡zas!*, sobre un sitio libre sentándose en él, *ploc*.

El mismo día, un poco más tarde, *ding-dong-ding-dong*, vuelvo a verlo, junto a la estación, *¡fss!, ¡fsss!, ¡puu!, ¡puu!*, charrando, *bla, bla, bla*, con otro efebo, *¡tururú!*, sobre un botón del abrigo (*trr, trr*, precisamente no hacía calor...).

Y *chim-pum*.

3.3. CÓMO ANALIZAR SENSACIONES OLOROSAS

42. Las palabras y expresiones que describen olores van en cursiva.

El olor de un niño

¿Cómo huele un lactante cuando huele como tú crees que debe oler? Vamos, dímelo.

—*Huele bien* —contestó la nodriza.

—¿Qué significa bien? —vociferó Terrier—. *Hay muchas cosas que huelen bien. Un ramito de espliego huele bien. El caldo de carne huele bien. Los jardines de Arabia huelen bien. Yo quiero saber cómo huele un niño de pecho.*

La nodriza titubeó. *Sabía muy bien cómo olían los niños de pecho*, lo sabía con gran precisión, no en balde había alimentado, cuidado, mecido y besado a docenas de ellos... *Era capaz de encontrarlos de noche por el olor, ahora mismo tenía el olor de los lactantes en la nariz*, pero todavía no lo había descrito nunca con palabras.

—¿Y bien? —apremió Terrier, haciendo castañetear las uñas.

—Pues... —empezó la nodriza— no es fácil de decir porque... *porque no huelen igual por todas partes, aunque todas huelen bien. Veréis, padre, los pies, por ejemplo, huelen como una piedra lisa y caliente... no, más bien como el requesón... o como la mantequilla... eso es, huelen a mantequilla fresca. Y el cuerpo huele como... una galleta mojada en leche. Y la cabeza, en la parte de arriba, en la coronilla*, donde el pelo forma un remolino, ¿veis, padre?, aquí, donde vos ya no tenéis nada... —y tocó la calva de Terrier, quien había enmudecido ante aquel torrente de necios detalles e inclinado, obediente, la cabeza—, *aquí, precisamente aquí es donde huelen mejor. Se parece al olor del caramelo*, *¡no podéis imaginar, padre, lo dulce y maravilloso que es! Una vez se les ha olido aquí*, se les quiere, tanto si son propios como ajenos. *Y así, y no de otra manera, deben oler los niños de pecho. Cuando no huelen así, cuando aquí arriba no huelen a nada, ni siquiera a aire frío, como este bastardo*, entonces... Podéis llamarlo como queráis, padre, pero yo —y cruzó con decisión los brazos sobre el pecho, lanzando una mirada de asco a la cesta, como si contuviera sapos—, ¡yo, Jeanne Bussie, no me vuelvo con esto a casa!

45. Descripción de olores mediante adjetivos.

agradables: embriagador, refrescante, balsámico, excitante, aromático, fragante

desagradables: fétido, pestilente, sofocante, espeso, hediondo, apestoso, viciado

agradables o desagradables: persistente, concentrado, penetrante, mareante, inalterable

3.4. CÓMO ANALIZAR SENSACIONES DEL GUSTO

48. Las sensaciones del gusto descritas van en cursiva.

La granada

¡Qué hermosa esta granada, Platero! Me la ha mandado Aguedilla, escogida de lo mejor de su arroyo de las Monjas. *Ninguna fruta me hace pensar, como ésta, en la frescura del agua que la nutre. Estalla de salud fresca y fuerte.* ¿Vamos a comérnosla?

¡Platero, *qué grato gusto amargo y seco el de la difícil piel, dura y agarrada como una raíz a la tierra*! Ahora, *el primer dulzor*, aurora hecha breve rubí, *de los granos que se vienen pegados a la piel*. Ahora, Platero, *el núcleo apretado, sano, completo*, con sus velos finos, *el exquisito tesoro de amatistas comestibles, jugosas y fuertes, como el corazón de no sé qué reina joven. ¡Qué llena está*, Platero! Ten, come. *¡Qué rica! ¡Con qué fruición se pierden los dientes en la abundante sazón alegre y rosa*! Espera, que no puedo hablar. *Da al gusto una sensación como la del ojo perdido en el laberinto de colores inquietos de un calidoscopio*. ¡Se acabó!

- Un calidoscopio es un objeto, normalmente cilíndrico, que contiene en un extremo una lente para mirar y en el otro un conjunto de cristales de diversos colores. Al girarlo, los cristales forman imágenes visuales preciosas. La comparación de Juan Ramón se refiere a esa amalgama de sabores variados que contiene la granada.

3.5. CÓMO ANALIZAR SENSACIONES DEL TACTO

55. Las sensaciones del tacto descritas van en cursiva.

Un niño piensa

Da gusto estar metido en la cama, cuando ya es de día. Las rendijas del balcón brillan como si fueran de plata, de *fría plata, tan fría como el hierro de la verja o como el chorro del grifo, pero en la cama se está caliente*, todo muy tapado, a veces hasta la cabeza también. [...]

Volvemos a dejar caer la cabeza sobre la almohada y tiramos del abrigo hacia arriba; *notamos fresco en los pies*, pero no nos apura, ya sabemos lo que es [...]

Me despierta con cuidado, pasándome una mano por la frente como para quitarme los pelos de la cara. Yo me voy dando cuenta poco a poco, pero no abro los ojos; me cuesta mucho trabajo no sonreír... *Me dejo acariciar, durante un rato, y después le beso la mano*; me gusta mucho la sortija que tiene con dos brillantes. Después me siento en la cama de golpe, y los dos nos echamos a reír. Soy tan feliz...

Me visten y después viene lo peor. Me llevan de la mano al cuarto de baño; yo voy tan preocupado que no puedo pensar en nada. *Mi madre se quita la sortija para no hacerme daño* y la pone en el estantito de cristal donde están los cepillos de los dientes y las cosas de afeitarse de mi padre; después me sube a una silla, *abre el grifo y empieza a frotarme la cara como si no me hubiera lavado en un mes. ¡Es horrible*! Yo grito, pego patadas a la silla, lloro sin ganas, pero con una rabia terrible, me defiendo como puedo... Es inútil; mi madre tiene una fuerza enorme. Después, *cuando me seca, con una toalla que está caliente que da gusto*, me sonríe y me dice que debiera darme vergüenza dar esos gritos; nos damos otro beso.

Si el desayuno está muy frío, me lo calientan otra vez; si está muy caliente, me lo enfrían cambiándolo de taza muchas veces...

Después me ponen la boina y el impermeable. *Mi madre me besa de nuevo* porque ya no me volverá a ver hasta la hora de la comida.

4. SELECCIÓN

63. Se trata de una descripción objetiva que tiene una finalidad práctica: informar sobre las características de un modelo de coche. La intencionalidad, pues, determina la información que aporta: amplitud, comodidad, habitabilidad, calidad de acabados, diseño (sencillo y austero), practicidad (reposavasos, cuadro de iluminación en azul), insonorización (silencioso), solidez.

64. Los elementos descriptivos van en cursiva.

Paulina y Nin

Bajé muy despacito la escalera. *Tenía una barandilla brillante*, que María enceraba todas las mañanas [...]

Y además, en la cocina estaba Marta. *Marta* era la mujer de Lorenzo, y *la cocinera* de la casa. *Tenía más de sesenta años, y era baja y regordeta, con el pelo negro, muy tirante y un moño enorme, de trenza, arrollado encima de la nuca*. Las dos veces que fui a la cocina, Marta me había dado rosquillas, de un bote de latón que había en un armario. *Eran unas rosquillas riquísimas, todas rebozadas de azúcar, que hacían cru-cru, al mascarlas. En la cocina olía muy bien y, además, el fuego le daba a todo un color muy bonito, entre dorado y rojo*, que hacía brillar las sartenes, cazos, espumaderas y potes que había en los vasares.[...]

La cocina estaba en lo más bajo de la casa. Iba yo pisando despacito, y vi que la puerta de la cocina estaba entreabierta, y salía el resplandor del fuego, y las voces de Marta y las otras dos mujeres. Empujé la puerta y entré.

Todo brillaba mucho, pero brillaba caliente, de un modo muy esparcido. La cocina era de piedra y de hierro: no como las cocinas de la ciudad, que apenas si se ve el fuego. Aquí sí que se veía; un buen fuego en el centro mismo, debajo de la gran campana. La pared estaba negra de hollín, y colgaba una cadena con una enorme olla. Marta apartaba cenizas, con una palita, y rodeaba con mucho cuidadito los pucheros de barro que hervían al lado de las llamas. *Había un puchero grande rodeado de tres chiquitines, muy juntitos a él, como una gallina con sus polluelos. A los dos lados del fuego, encima de la misma tarima, había dos bancos largos de madera, con respaldos*. En uno de los bancos estaba sentado el niño. Se había quitado el mantón y las botas, que habían puesto a secar en un rincón. *Sería de mi edad o cosa así, y tenía el pelo muy liso, de color rubio, que le brillaba mucho junto al fuego, como si estuviera mojado. No le llegaban los pies al suelo, y llevaba calcetines de lana encarnada. Parecía que estuviera pensando algo muy fijo, porque ni siquiera me miró*. En cambio, Marta y la otra mujer, que parecía la madre del niño, se callaron y se volvieron a mí.

—Hola, Marta —dije—. ¿Puedo estar aquí un ratito contigo?

Marta se echó a reír. *Me gustaba mucho cómo se reía, porque echaba la cabeza para atrás y enseñaba todos los dientes. Su risa se parecía al barboteo de un puchero hirviendo. Toda ella era como un redondo puchero hirviendo.*

—Acércate al fuego —me dijo—. Te calentarás.

- De la escalera se han seleccionado la limpieza y el brillo.

- Descripciones de Marta y de Nin:
  - Marta: Tenía más de sesenta años, y era baja y regordeta, con el pelo negro, muy tirante y un moño enorme, de trenza, arrollado encima de la nuca. Cuando se reía echaba la cabeza para atrás y enseñaba todos los dientes. Su risa se parecía al barboteo de un puchero hirviendo. Toda ella era como un redondo puchero hirviendo.
  - Nin: Era de la edad de Paulina y tenía el pelo muy liso, de color rubio, que le brillaba mucho junto al fuego, como si estuviera mojado. No le llegaban los pies al suelo, y llevaba calcetines de lana encarnada. Parecía que estuviera pensando algo muy fijo, porque ni siquiera me miró.

- La cocina estaba situada en lo más bajo de la casa. Todo brillaba mucho, pero brillaba caliente, de un modo muy esparcido. La cocina era de piedra y de hierro: no como las cocinas de la ciudad, que apenas si se ve el fuego. Aquí sí que se veía; un buen fuego en el centro mismo, debajo de la gran campana. La pared estaba negra de hollín, y colgaba una cadena con una enorme olla.

  Había un puchero grande rodeado de tres chiquitines, muy juntitos a él, como una gallina con sus polluelos. A los dos lados del fuego, encima de la misma tarima, había dos bancos largos de madera, con respaldos

5. ORDENACIÓN

67. Estructura:

- En la primera parte se describe la llegada del viajero a la cruz del diablo. El orden que sigue es espacial: de lo lejano (crepúsculo, el pueblo, los caseríos) a lo cercano (la roca que señala el límite territorial de Urgel).

- A continuación se describe la cruz del diablo, en la que se señala dónde está situada (a la derecha de un camino tortuoso, remontando el río), cómo és (de hierro el asta y los brazos, de mármol la base y la escalinata de piedra en forma de sillería) y estado en que se encuentra (muy deteriorada: el hierro oxidado, las piedras rotas y carcomidas).
- En la tercera parte describe los sentimientos que siente el narrador ante la contemplación del paisaje y de la cruz: un sentimiento religioso que le incita a rezar para aliviar la nostalgia y el dolor.

6. DESCRIPCIÓN DE PERSONAS

70. Los elementos descriptivos van cursiva. Con ellos puedes completar el cuadro que se indica.

A) **Don Trinidad García Sobrino** <u>no piensa ni se mueve</u>. *Es un hombre pacífico, un hombre de orden, un hombre que quiere vivir en paz* (carácter y personalidad). **Su nieto** *parece un gitanillo flaco y barrigón* (rasgos físicos). *Lleva un gorro de punto y unas polainas, también de punto; es un niño que va muy abrigado* (modo de vestir).

B) **El Pirata Piratón**

En todo el mundo, no creo
que hubo un pirata *más feo.*
Le faltaba media oreja,
siete dientes y una ceja.
Estaba tuerto de un ojo;
el otro se le torcía,
y era tan cojo, tan cojo (rasgos físicos)
y era tan malo, tan malo (carácter y personalidad)
que *tenía*... ¿Qué tenía?
¡*Las cuatro patas de palo*! (rasgos físicos)

C) Carlos Sevilla falta de su domicilio desde hace una semana. *Ha cumplido quince años, es de complexión fuerte y mide 1.80 m. Tiene pelo rubio, con melena, y cara ancha con grandes ojos azules* (rasgos físicos). *Es muy tímido y tartamudea un poco al hablar* (carácter y personalidad). El día de su desaparición *vestía pantalón y camisa vaqueros, un chaleco de lana y zapatillas de deporte* (modo de vestir) .[...]

D) *El aspecto externo de Momo ciertamente era un tanto desusado* y acaso podía asustar algo a la gente que da mucha importancia al aseo y al orden. *Era pequeña y bastante flaca, de modo que ni con la mejor voluntad se podía decir si tenía ocho años sólo o ya tenía doce. Tenía el pelo ensortijado, negro como la pez, y con todo el aspecto de no haberse enfrentado jamás a un peine o unas tijeras. Tenía unos ojos muy grandes, muy hermosos y también negros como la pez y unos pies del mismo color* (rasgos físicos), pues *casi siempre iba descalza. Sólo en invierno llevaba zapatos de vez en cuando, pero solían ser diferentes, descabalados, y además le quedaban demasiado grandes* (modo de vestir). Eso era porque Momo no poseía nada más que lo que encontraba por ahí o lo que le regalaban. *Su falda estaba hecha de muchos remiendos de diferentes colores y le llegaba hasta los tobillos. Encima llevaba un chaquetón de hombre, viejo, demasiado grande, cuyas mangas se arremangaba alrededor de la muñeca* (modo de vestir). Momo no quería cortarlas porque recordaba, previsoramente, que todavía tenía que crecer.

Y quién sabe si alguna vez volvería a encontrar *un chaquetón tan grande, tan práctico y con tantos bolsillos* (modo de vestir).

6.1. EL ASPECTO EXTERNO

72. Los elementos descriptivos de su forma externa van en cursiva.

A) La señorita Trunchbull

[...]

Era, sobre todo, una mujerona impresionante. En tiempos pasados fue una famosa atleta y, aún ahora, se apreciaban claramente sus músculos. Se le notaban en su cuello de toro, en sus amplias espaldas, en sus gruesos brazos, en sus vigorosas muñecas y en sus fuertes piernas. Al mirarla, daba la impresión de ser una de esas personas que doblan barras de hierro y desgarran por la mitad guías telefónicas. Su rostro no mostraba nada de bonito ni de alegre. Tenía una barbilla obstinada, boca cruel y ojos pequeños y altaneros (rasgos físicos). *Y por lo que respecta a su atuendo... era, por no decir otra cosa peor, extraño. Siempre vestía un guardapolvo de algodón marrón, ceñido a la cintura por un cinturón ancho de cuero. El cinturón se abrochaba por delante con una enorme hebilla de plata. Los macizos muslos que emergían del guardapolvo los llevaba enfundados en unos impresionantes pantalones de montar de color verde botella, de tela basta de sarga. Los pantalones le llegaban justo por debajo de las rodillas y, de ahí hacia abajo, lucía calcetines verdes con vuelta, que ponían de manifiesto los músculos de sus pantorrillas. Calzaba zapatos de color marrón con lengüetas* (modo de vestir). En suma, parecía más una excéntrica y sanguinaria aficionada a las monterías que la directora de una bonita escuela para niños.

Anselmo Llorente

[...]

El *Anselmo Llorente era poca cosa, apergaminado, enjuto, un rostro lascivo donde apenas sobresalían los pómulos* (rasgos físicos) y *los lentes sin montura, de cristales siempre impolutos. En invierno y verano vestía trajes oscuros, muy marcada la raya del pantalón, y un sombrerito gris de fieltro con el ala sombreándole el ojo derecho. Hasta bien entrada la primavera no se desprendía del abrigo azul marino, que casi le alcanzaba los tobillos, ni de la bufanda a cuadros* (modo de vestir) que protegía *la escuálida garganta* (rasgos físicos) tan a conciencia que, *entre sombrero y tapa bocas* (modo de vestir), *apenas se descifraba un enigmático, menudo, rostro oriental* (rasgos físicos). En ocasiones, Crucita le decía [...]

A Gervasio no acababa de gustarle el *Anselmo Llorente, tan descolorido, tan anguloso* (rasgos físicos), tan distante, recorriendo de arriba abajo el portalón de palacio a largos trancos, *los ojos esquivos, el busto inclinado* (rasgos físicos), las manos en los bolsillos [...]

6.2. DESCRIPCIÓN DEL MODO DE SER O CARÁCTER

74. Los rasgos de carácter y personalidad van en cursiva.

Don Fernando Villalón

[...]

—Aquí lo tienes... *Don Fernando Villalón Daoiz, el mejor poeta novel de toda Andalucía.*

Aquel Fernando Villalón que hacía crujir mis dedos entre los suyos, riendo de la presentación que acababa de hacerle su amigo, era nada menos que el famosísimo ganadero sevillano de reses bravas, *brujo, espiritista, hipnotizador*, además de conde de Miraflores de los Ángeles... y poeta novel. [...]

Era Fernando un hombre extraordinariamente fino y simpático, hijo de esa romántica Andalucía feudal, que se sentaba bajo los olivos a compartir, tú por tú, el pan con los gañanes. Profundamente popular, los verdaderos amigos suyos, los inseparables, eran los mayorales que guardaban sus toros, los gitanos, los mozos de cuadra, toda la abigarrada servidumbre de sus cortijos, además de cuanto torerillo ilusionado rondaba sus dehesas.

Cuando lo conocí ya andaba arruinado. Negocios absolutamente poéticos lo habían venido hundiendo en la escasez, casi en la pobreza. *Si Villalón fue*, como se decía y yo lo pude comprobar, *un hombre único, extraordinario, no se lo debe a su obra escrita, que es muy poca, sino a su fantástica vida, a su extraña personalidad*. La verdadera vocación suya, la poética [...]

- Los rasgos de carácter que se deducen de su actuación y comportamiento son: simpático, agradable, seductor, caritativo.

- El retrato es la descripción de su apariencia externa y de su carácter y personalidad. Por ello el retrato reúne la descripción de sus rasgos físicos y modo de vestir (*un hombrón ancho, fuerte, con fiera planta de toro)* y su personalidad (*poeta novel, brujo, espiritista, hipnotizador, fino, simpático, seductor, caritativo*...).

75. Ten en cuenta que muchos de los adjetivos de los cuadros son sinónimos, por ello considera estas respuestas orientativas.

emotivo-*insensible,* intrépido-*miedoso,* apacible-*levatisco,* bizarro-*cobarde,* jacarandoso-*aburrido,* altivo-*sencillo,* optimista-*pesimista,* sagaz-*pánfilo,* ocurrente-*insulso*, panoli-*perspicaz,* altruista- *egoísta,* astuto-*cándido,* cándido-*astuto,* estirado-*tímido*

6.3. EL RETRATO Y LA CARICATURA

77. Observa, en primer lugar, los rasgos descritos mediante exageraciones, que van en cursiva.

A) El tío Lucas: no hay exageraciones.

B) —¡Mi amito! A bordo viene un moreno que mata los tiburones en el agua con el trinchete. ¡Suba, mi amito, no se dilate!...

Y desaparece velozmente, como esos etíopes carceleros de princesas en los castillos encantados. Yo, espoleado por la curiosidad, salgo tras él. Heme en el puente que ilumina la plácida claridad del plenilunio. *Un negro colosal*, con el traje de tela chorreando agua, *se sacude como un gorila*, en medio del corro que a su rededor han formado los pasajeros, *y sonríe mostrando sus blancos dientes de animal familiar*. A pocos pasos dos marineros encorvados sobre la borda de estribor bajan un tiburón medio degollado, que se balancea fuera del agua al costado de la fragata. Mas he ahí que de pronto rompe el cable, y el tiburón desaparece en medio de un remolino de espumas. *El negrazo musita apretando los labios elefanciacos*:

—¡Pendejos!

C) Pues señor, érase en un lugar llamado Villagañanes, *una viuda más fea que el sargento de Utrera; más seca que un esparto, más vieja que el andar a pie, y más amarilla que la epidemia. En cambio tenía un genio tan maldito, que ni el mismo Job lo hubiera aguantado.*

[...] *Su hija Pánfila era holgazana y tan amiga del padre Quieto, que no la movía un terremoto*. Así es que la tía Holofernes empezaba riñendo con su hija cuando Dios echaba sus luces, y cuando las recogía aún duraba la fiesta.

- ❑ La descripción del tío Lucas es un retrato; en los textos B) y C) hay caricaturas.
- ❑ Al realizar el retrato del Tío Lucas se parte de los rasgos físicos y, en ellos, de lo general a lo particular *(de pequeña estatura → cargado de espaldas, moreno...)*, de fuera hacia dentro *(sólo la corteza de aquel hombre → la voz...)*. Después se describen los rasgos morales *(llegaba después...)*.

7. DESCRIPCIÓN DE ANIMALES

81. Observa subrayados los elementos descriptivos.

La grajilla

Un día, en el Castillo de la Mota, hace ya muchos años, vi por primera vez una colonia de grajillas. Revoloteaban en torno a las almenas y *con sus quia-quia-quia, reiterativos y desacompasados, organizaban una algarabía considerable. De lejos parecían negras y brillantes como los grajos, pero cuando las vi de cerca, observé que eran más chicas que aquéllos —más o menos del tamaño de una paloma— y no totalmente negras sino que el plumaje de la nuca y los lados del cuello era gris oscuro y sus ojillos, vivaces y aguanosos, tenían el iris transparente.*

Viviendo en Castilla, la grajilla se me ha hecho luego familiar, porque está en todas partes. *Es un pájaro muy sociable*, que divaga en grandes bandadas [...] *No son racistas* y, a menudo, se les ve asociadas con pájaros más grandes o más chicos que ellas [...].

De la familia de los córvidos es el único pájaro que he visto con aficiones urbanas. La corneja, el cuervo, la graja no sólo rehúyen la ciudad sino que ante el hombre se muestran hoscos y desconfiados [...]

La grajilla es sedentaria, vive, generalmente, en el mismo lugar en que nace, durante las cuatro estaciones del año [...]

La grajilla es buscona, ratera, como la urraca, roba de todo, desde fruta del granjero hasta los huevos de los nidos de pequeñas aves, que se comen en primavera [...]

❑ Observa el guión que sigue Delibes y resume:

- Cómo es el cuerpo de la grajilla:

  Mas o menos del tamaño de una paloma, pero negras y brillantes como los grajos, aunque con el cuello y nuca gris oscuro, y sus ojillos, vivaces y aguanosos, tenían el iris transparente.

- Cómo es su manera de ser y de actuar:

  Las grajillas son pájaros muy sociables, forman grandes bandadas y hablan mucho entre ellas. Tampoco son racistas y, con frecuencia, aparecen mezcladas con pájaros del mismo color.

- Dónde viven:

  De ordinario viven en cortadas rocosas y torres antiguas, pero también tienen aficiones urbanas y se instalan en viejos edificios de torres altas. Normalmente son sedentarias y viven las cuatro estaciones en el mismo lugar.

- De qué se alimentan:

  Comen de todo: bayas y frutas, y también caracoles y huevos de pájaros pequeños. La grajilla es buscona, ratera e incluso por robar roba el nido de otros pájaros.

82. Solamente en un caso describe un rasgo del modo de ser de estos animales: se trata del elefante, y ello es debido a que en la India se empleaban elefantes engalanadas para pasear a sus príncipes, los maharajás.

❑ Señala con qué cualidades se describe a cada animal y completa:

- La foca es un animal *carnívoro, de movimientos torpes y lentos en tierra, adaptado a la vida acuática.* Además *es simpática y juguetona*.

- Camello: dócil, sacrificado; tiene dos jorobas y soporta cargas de 200 kg durante cinco días.

- Elefante: orgulloso, majestuoso; de gran tamaño, tiene la nariz soldada al labio inferior.

- Chimpancé: alegre, inquieto, juguetón; de mirada risueña, tiene la cara de diversos colores: del rosa o amarillo al negro.

- El hombre, como animal racional, expone, desde su inteligencia, diferentes respuestas.

84. Los rasgos, de carácter subjetivo y literario, que se han seleccionado de Contramaestre son:

Contramaestre es esforzado y heroico. Es simpático e inteligente. Amigo leal, fiel, cariñoso y noble entendía los deseos de Jujú y le ayudaba en todo.

8. DESCRIPCIÓN DE OBJETOS

87. En el primer caso, se trata de una definición de 'puente', tal y como lo explica un diccionario. En el segundo, se describe un puente en particular, en donde el autor ha seleccionado aquellos rasgos que considera más sugerentes para el lector.

89. Esta actividad puede parecerte algo complicada, por eso te vamos a dar algunas pistas.

El autor, Azorín, describe a una viejecita, sencilla y humilde, que cose en una silla, también vieja, pero ennoblecida por el uso que le da la viejecita. Lo que nos quiere transmitir Azorín es la emoción de observar la interrelación entre estos dos seres tan iguales: humildad, nobleza que adquieren con los años, etcétera.

Por eso, el texto aparece dividido en dos párrafos: en el primero se centra en la descripción de la silla; en el segundo, en la viejecita.

Observa ahora los elementos descriptivos de la silla, que van en cursiva.

SILLA

Madera; esparto; madera y esparto. Travesaños; respaldar; asiento. Una silla baja; baja para coser ante el costurero. Cosiendo; siempre cosiendo. La luz que ilumina el costurero y que ilumina la silla. *Cuatro pies cortos; el asiento de delgada cuerda de esparto; o de paja. El respaldo con sus travesaños*. El rayo de sol que entra por la ventana hace que los barrotes de la silla marquen su sombra en la pared blanca o en los ladrillos rojos. El vivo fulgor solar, en los esplendentes días claros, envuelve la silla. *Como de oro, siendo de humilde pino*; como de oro, en el ambiente áureo del pleno y radiante sol. *Suave, discreta en la claridad de la luna*; el silencio y el descanso; descanso, en las horas de la madrugada. La luz de la luna va girando lenta, dulce, acariciadora, en torno de la *silla pobre de pino y esparto*. La luz de la luna que, al fin, desaparece y deja a la silla en la oscuridad; sólo alumbrada vagamente por el fulgor de las estrellas. *Inmóvil, inalterable, a través del tiempo, con serenidad y sosiego. La madera de pino que ha ido adquiriendo una tonalidad oscura y que ha ido puliéndose en sus ángulos*. Sin lo chillón de la madera nueva, ha entrado ya, con el tiempo, en la tonalidad del cuartito y del costurero. Ha logrado la suspirada armonía, en color y en líneas, con el ambiente que la rodea. Con todo lo que circunda —aire, cosas, seres humanos— a la humilde silla de pino. Más noble ahora, después de que se ha trabajado tanto en ella, que el más augusto sitial; *más humana, más excelsa, que todos los sillones de maderas preciosas*. [...]

- Completar el cuadro:
  - Datos objetivos: Es de madera de pino con asiento de cuerdas de esparto. Es baja, con patas cortas y asiento de cuerdas; el respaldo con travesaños. La madera de pino, con el tiempo, se ha vuelto oscura y se han gastado las esquinas de la madera.
  - Datos subjetivos y literarios: Con los rayos de sol parece de oro; con la luz de la luna parece suave y discreta.

    A través del tiempo aparece inmóvil, inalterable. Y lo chillón de la madera nueva ha desaparecido para integrarse en la tonalidad de colores del cuarto y del costurero de la viejecita.

    Después de haber servido para el trabajo humilde, aparece ahora más noble, más humana, más excelsa que un sillón de maderas nobles.

9. DESCRIPCIÓN DE ESCENARIOS

91.

Hotel "Cuca la Vaina"

- En el primer párrafo se dice lo saludable que es hacer turismo rural.
- En el segundo se resalta el acierto de arquitecto al combinar, en su construcción, piedra, galerías y hormigón; del pintor realza la elección de cuadros para decorarla.
- En el tercero se señala la armonía entre el tipo de construcción del hotel con el entorno del pueblo.

La barraca. Los elementos descriptivos van en cursiva.

La barraca

En el centro de estos campos desolados, que se destacaban sobre la hermosa vega como una mancha de mugre en un manto regio de terciopelo verde, alzábase la barraca, o más bien dicho, caía con su montera de paja despanzurrada, enseñando por las aberturas que agujerearon el viento y la lluvia su carcomido costillaje de madera. Las paredes, arañadas por las aguas, mostraban sus adobes de barro crudo, sin más que unas ligerísimas manchas blancas que delataban el antiguo enjalbegado. La puerta estaba rota por debajo, roída por las ratas, con grietas que la cortaban de un extremo a otro. Dos o tres ventanillas, completamente abiertas y martirizadas por los vendavales, pendían de un solo gozne, e iban a caer de un momento a otro, apenas soplase una ruda ventolera [...].

- En el primer párrafo se describe el estado de ruina en que se encuentra la barraca; en el segundo, las sensaciones que produce la visión de este paisaje en el ánimo del autor. Esta sensación de ruina apena el ánimo y produce dolor.

93. Los elementos descriptivos van cursiva.

La casa abandonada

Pensó Alfanhuí que podría entrar en la casa bajando por las ramas. *El matorral era espesísimo*, le *sujetaba bien y parecía no acabarse nunca. Alfanhuí se iba hundiendo, apartando las ramas y las hojas con pies y manos. Algunos momentos le parecía que los tallos se estrechaban y querían apretarlo y ahogarlo en su maraña*. Por fin, sintió vacío debajo de su pie; *los últimos hilos de la enredadera bajaban, como cuerdas, dentro de la casa*. Alfanhuí se descolgó por ellos y, de un salto, llegó al suelo. Retumbó el golpe en la oscuridad. Oyó un huir de ratas. Alfanhuí se quedó un momento parado. *Había una gran oscuridad y tan sólo se veía una vaga mancha de luz en el suelo.* Alfanhuí se acercó, era una chimenea. *En la mancha de luz se veían las sombras de dos pájaros, posados arriba en el techo, sobre el borde de la chimenea. Piaban lejanamente y sus sombras se movían en el suelo.* Alfanhuí encendió una cerilla. *Apareció una habitación grande como un salón, pero que no tenía un solo mueble. Las puertas eran blancas con filetes dorados. La chimenea era de mármol. Todo era blanco y oscuro. Con otra cerilla pasó a otra habitación más grande que también tenía chimenea. Sobre la chimenea había un espejo y dos candelabros de bronce*. Encendió todas las velas. *También el marco del espejo era blanco, con ribetes dorados*. Se miró en él. *El espejo tenía una luz honda y amarilla*: "¡Qué antiguo soy!", se dijo, y sonrió. Luego se alejó del espejo todo lo que pudo y se miró de nuevo, allá al fondo. Desde allí se hizo un saludo con la mano:

¡Alfanhuí, qué antiguo eres!

❑ Completar:

Lugares por donde pasa Alfanhuí	Cosas que se describen
baja por las ramas	el matorral era espesísimo; tanto que parecía que iban a apretarlo y ahogarlo. Los últimos hilos de la enredadera bajaban, como cuerdas, dentro de la casa.
una habitación	era oscura, con una mancha de luz en el suelo; grande como un salón; sin muebles; con puertas blancas y chimenea de mármol. Todo era blanco y oscuro.
otra habitación	con chimenea; había también un espejo y dos candelabros. El espejo era blanco con ribetes dorados. Tenía una luz honda y amarilla.

10. DESCRIPCIÓN DE AMBIENTES

96. A lo largo del texto observamos una evolución en los sentimientos del personaje que va desde el malhumor y la desesperación a la alegría y euforia.

El ambiente que se describe es vitalista y alegre ante la explosión de sensaciones que tiene lugar en la Naturaleza.

11. DESCRIPCIÓN DE UN PROCESO

99. Señala los momentos temporales en el poema y los aspectos que se describen:

Al amanecer: la rosa está roja como la sangre.

A mediodía: la rosa está fresca y dura como el coral.

Por la tarde: se pone blanca como la piel de la cara con salitre.

Cuando llega la noche: se comienza a deshojar.

12. DESCRIPCIÓN DE SENTIMIENTOS

104. El poema de Rosalía expone la añoranza de algo perdido: la felicidad. Sabe que existe, pues ve a personas felices, y la busca... Pero siente la tristeza de no poder hallarla jamás para ella.

- Bécquer expone el dolor y la rabia por haber perdido un amor a causa del orgullo. Insiste el poeta en la necesidad de expresar las emociones, como medio de llegar a entenderse las personas.

106. En este monólogo en el que una muchacha está convaleciente en un sanatorio y compara su juventud con la de otras mujeres que son felices y disfrutan de los dones de la juventud. En esta reflexión, predomina el empleo del verbo en presente de indicativo y la adjetivación que matiza las sensaciones: cariño inmenso, es cruel y amarga la indiferencia, vivo y rezogante, mustio y derrotado...

Al mismo tiempo, recurre a comparaciones para describir: "como esos gatitos recién nacidos...", "como si fuera un topo".

13. DESCRIPCIÓN DE SERES FANTÁSTICOS

110. Los elementos descriptivos van en cursiva.

Las hadas del melonar

A la izquierda del camino hay un *melonar extenso; entre las matas oscuras, campo adentro, se levanta una cabañita puntiaguda, hecha con carrasca y con retama*.

—¿Veis? Esa es la cabañita de las hadas del melonar —dice la *niña rubia* a sus padres.

—¿Vosotros os creéis que era la casa del guardia de los melones? Pues no. Es la de las hadas —añade *la niña morena*, con un poco de picardía en los ojos [...]

No vayáis a creer que es un *hado*. *Es un hombre como todos, sólo es amigo de las hadas* y vive con ellas.

—¿Y *serán muy guapas Celinda y Fernanda*? —preguntaban los padres, que están siempre dispuestos a informarse sobre las cosas de las hadas.

—*Celinda sí, es preciosa —asegura la niña rubia—. Es delgadita y así de alta, como yo. Tiene el pelo muy rubio y muy largo. Le baja hasta el suelo por delante, y luego se lo sube por detrás hasta la cabeza otra vez, y lo lleva atado con una cinta amarilla. Tiene los ojos azules y la cara blanca y brillante. No sabéis lo guapa que es. Y lleva un traje largo, de tul azul, con estrellas bordadas. El cucurucho es de cartón forrado de terciopelo rosa, y se lo ata a la cabeza con cintas de raso. Y por las piernas lleva perlas, perlas, perlas, en vez de medias. Y tiene zapatos de terciopelo rojo, con perlas también*. Cuando se mancha de polvo los zapatos de terciopelo, el guarda Manolo se los cepilla por las noches, porque la quiere mucho. A *Fernanda* no la quiere tanto, porque *es orgullosa y bastante fea*.

—¿Cómo puede ser una hada orgullosa y fea?

—Bueno, es que Fernanda no está coronada todavía. Está aprendiendo a ser hada, pero no se puede con ella. *Es muy mala* y nunca va a aprender.

—¿Qué es lo que hace? —preguntan los padres, intrigados con los defectos del hada

Fernanda. Y la niña pequeña se apresura a acusarla:

—Se come todas las sandías y todos los melones. Eso es lo que hace. Por las mañanas empieza a comer melones, melones y melones. Por la tarde come sandías, sandías y sandías. *Se ha puesto gordísima, y no parece un hada ni nada*.

Y añade su hermana:

—El traje que tiene, de tul colorado, se le ha quedado corto, por las rodillas, y se le ha enganchado en las plantas de los melones y está todo roto. También se ha enganchado el pelo y Manolo se lo ha tenido que cortar; así que no parece un hada. Y se le ha puesto el pelo moreno. Y también se le han enganchado en las plantas las perlas de las piernas y se le han perdido todas las perlas por el suelo. Y ella se pasa la vida llorando: "¡Que quiero medias, que quiero medias, que se me ha quedado corto el traje y quiero medias!" Fíjate qué tontería [...]

❑ Completar cuadro:

Hada	Apariencia externa		Carácter y personalidad
	Rasgos físicos	Modo de vestir	
Celinda	Es preciosa, delgadita y alta como la niña rubia. Pelo rubio y largo, ojos azules y cara blanca y brillante.	Lleva un traje largo de tul azul, con estrellas doradas. Cucurucho de cartón forrado de terciopelo rosa y atado con cintas de oro. En las piernas lleva perlas y calza zapatos de raso.	Se deduce que es un hada buena y simpática.
Fernanda	Es fea.	Viste un traje de tul colorado, corto y todo roto. Pelo corto y moreno. Ha perdido las perlas de las piernas.	Es orgullosa y mala.

❑ Las acciones *fantásticas* que realizan son que:

Soplan en las flores para que salgan los melones, y así van aprendiendo a hacer cosas mágicas. Soplan flojito, para que salga un melón, y soplan fuerte para que salga una sandía. Y para los calabacines hacen sólo un suspirito.

Apéndice de normas de ortografía

1. ACENTUACIÓN

A. REGLAS GENERALES DE ACENTUACIÓN

Palabras agudas. Llevan el acento en la última sílaba. Ej.: *cara**col**, me**lón***.	Llevan tilde cuando tienen más de una sílaba y acaban en vocal, en **-n** o en **-s**. Ej.: *ru**bí**, ci**prés**, Ra**món***.
Palabras llanas. Llevan el acento en la penúltima sílaba. Ej.: ***cés**ped, **hier**ba*.	Llevan tilde cuando acaban en consonante que no sea **-n** ni **-s**. Ej.: ***ú**til, **dé**bil, **Ló**pez*.
Palabras esdrújulas. Llevan el acento en la antepenúltima sílaba. Ej.: ***lám**para, **cán**taro*.	Las palabras esdrújulas y sobresdrújulas llevan tilde siempre. Ej.: ***cás**cara, **cóm**pratelo*.
Palabras sobresdrújulas. Llevan el acento en la anterior a la antepenúltima sílaba. Ej.: *en**sé**ñamelo, **có**geselo*.	

B. ACENTUACIÓN DE DIPTONGOS, TRIPTONGOS E HIATOS

Diptongo. Es el conjunto de dos vocales diferentes que se pronuncian en una misma sílaba. A efectos ortográficos, se considera diptongos la unión de una vocal abierta *(a, e, o)* y una cerrada *(i, u)*, o de dos cerradas *(ui, iu)*. Ej.: ***viu**-da, **ai**-re, **pei**-ne, **cua**-dro, **pau**-sa*.	Las palabras con diptongo o triptongo siguen las reglas generales de acentuación. Ej.: *ciem**piés**, **hués**ped, **péi**nate, averi**güéis**, mur**cié**lago*.
Triptongo. Es el conjunto de tres vocales que se pronuncian en una misma sílaba. A efectos ortográficos, se considera triptongo la unión de una vocal abierta entre dos cerradas: *uai, uau, iei, uei...* Ej.: *cam-**biáis**, ac-**tuéis**, **miau***.	
Hiato. Es el encuentro en una palabra de dos vocales que se pronuncian en sílabas distintas. Ej.: *lí**ne-a**, san**dí-a**, **Ra-úl**, **bo-a***.	Se dan dos casos: - Los hiatos formados por vocales abiertas siguen las reglas generales de acentuación. Ej.: *ge**ó**grafo, ca**noa**, a**ho**ra, ro**deo**, acor**deón***. - Los hiatos formados por la combinación de una vocal abierta atona y una cerrada tónica, o viceversa, lleva siempre tilde. Ej.: *ba**ú**l, re**í**r, re**ú**no, **dí**a*.

C. ACENTUACIÓN DE PALABRAS COMPUESTAS

Compuestos perfectos. Son aquellos formados por dos palabras en los que el primer vocablo pierde el acento. Ej: *vaivén* (va + y + ven), *tiovivo* (tío + vivo).	Se consideran como una palabra simple a efectos de la acentuación y siguen las reglas generales de ésta. Ej.: *parasol, correcaminos; parabién, cortacésped, portalámparas.*
Compuestos con guión. Cada vocablo conserva su acento y se escriben unidos con guión. Ej.: *teórico-práctico* (teórico + práctico).	Cada uno de los componentes se considera como una palabra independiente, y llevará tilde cuando le corresponda según las reglas estudiadas. Ej.: *tratado ruso-chino; monumento histórico-artístico; diccionario de gallego-catalán.*
Adverbios en *-mente*. Son adverbios formados sobre un adjetivo y el sufijo *-mente*. Ej.: *felizmente, cómodamente*.	Llevan tilde cuando la tiene el adjetivo correspondiente. Ej.: *buenamente, felizmente, estupendamente, cortésmente, inútilmente, rápidamente.*
Verbos con pronombres enclíticos. Las formas verbales pueden llevar uno o dos pronombres átonos (**me, te, se, nos, os, lo, la, le, los, las, les**) pospuestos y unidos a ellas: *echa* → *échame, échale, échanos, échamela* (echa + me + la).	Se consideran una palabra simple a efectos de la acentuación y llevarán tilde o no de acuerdo a las reglas estudiadas. Ej.: *deme, dámelo, ríete, compréndame, cógeselo.*

D. ACENTUACIÓN DIFERENCIAL: LA TILDE DIACRÍTICA

Palabras monosílabas En general, no llevan tilde. Ej.: *sal, bien, yo, dio, fui.* La tilde diacrítica permite distinguir entre monosílabos con los mismos sonidos, pero con valor gramatical y significativo diferente.	Llevan tilde los siguientes monosílabos cuando son palabras tónicas: **él**: *A **él*** (pronombre), *personalmente, dale **el*** (determinante) *regalo.* **tú**: *Cuéntaselo **tú*** (pronombre) *mismo a **tu*** (determinante) *padre.* **mí**: *Me lo trajo para **mí*** (pronombre), *porque era **mi*** (determinante) *cumpleaños.* **sí**: ***Sí*** (adverbio de afirmación), *se lo guardó para **sí*** (pronombre). ***Si*** (conjunción condicional) *no estás de acuerdo, pídeselo.* **dé**: *Dile que te **dé*** (verbo *dar*) *el reloj **de*** (preposición) *Jorge.* **sé**: ***Sé*** (verbo *ser*) *sincero conmigo; **sé*** (verbo *saber*) *que **se*** (pronombre) *lo has dicho a tu madre.* **té**: *¿El **té*** (bebida) ***te*** (pronombre) *lo sirvo muy caliente o templado?* **más**: *¿Quieres **más*** (cantidad) *azúcar? Prefieres sacarina, **mas*** (conjunción = *pero*) *no tengo.* **aún**: *¿**Aún*** (=todavía; palabra bisílaba) *no ha llegado Berta? Ni **aun*** (=ni siquiera; palabra monosílaba) *para ella se molesta.*
Demostrativos *éste, ése, aquél...* Los demostrativos indican una relación espacial, temporal, o hacen referencia al momento del habla.	Los demostrativos **éste, ése, aquél**, y sus femeninos y plurales, llevan tilde cuando funcionan como pronombres, es decir, cuando no acompañan al nombre. Ejemplos: ***Esta*** (determinante) *moto es bonita, **ésa*** (pronombre) *es preciosa y **aquélla*** (pronombre), *una maravilla.* Pero las formas neutras, **esto, eso** y **aquello** siempre son pronombres y nunca llevan tilde. Ejemplo: *Todo **esto**, **eso** de ahí y **aquello** de allí estorba.*

Palabras interrogativas y exclamativas La tilde diacrítica permite diferenciar palabras interrogativas y exclamativas, y por tanto, tónicas, de otras átonas con la misma forma.	Llevan tilde las palabras **qué, quién-quiénes, cuál-cuáles, cómo, dónde, adónde, cuándo** y **cuánto, -a, -os, -as**, cuando son interrogativas o exclamativas y, por tanto, tónicas. Ejemplos: –¿**Qué** *quiere Ana?* –**Que** *la acompañe a comprar el periódico.* –¡**Qué** *simpático eres!* –¿**Quién** *está en la puerta?* –**Quien** *menos te imaginas.* –¡**Quién** *va a ser, tu amigo del alma!* –¿**Cuál** *es tu cazadora?* –*Aquí cada* **cual** *tiene la suya.* –¿**Cómo** *has llegado?* –**Como** *he podido.* –¡**Cómo** *llevas los zapatos de barro!* –¿**Dónde** *has puesto las zapatillas?* –**Donde** *siempre, en el armario.* –¿**Cuándo** *puedo ir a jugar a tu casa?* –**Cuando** *se termine la obra.* –¿**Cuánto** *dinero tienes?* –**Cuanto** *necesito.* –¡**Cuánta** *gente curiosa hay aquí!*
El adverbio *sólo*	Equivale a *solamente*. Ej.: *Sólo* (=solamente) *voy al cine una vez al mes.* Cuando es adjetivo no lleva tilde: *Yo esto lo hago mejor solo* (=sin compañía).

E. OTROS CASOS DE ACENTUACIÓN

Mayúsculas	Las palabras con letras mayúsculas, sea inicial o se escriba toda la palabra en mayúscula, deben escribirse con tilde cuando les corresponda según las reglas estudiadas. Ejemplos: *En Ávila se produce una carne exquisita.* *A CÓRDOBA POR BAILÉN, 405 KILÓMETROS.*
Acentuación de latinismos	Las voces latinas empleadas en nuestro idioma deben escribirse con tilde si les corresponde según las reglas estudiadas. Ejemplos: *accésit, ídem, superávit, currículum vítae.*
Palabras procedentes de extranjeras	Si están adaptadas al idioma, siguen las reglas generales de acentuación. Ejemplos: *París, Londres, Moscú.* Si no están adaptadas, debe mantenerse la ortografía original. Ejemplos: *Wagner, Munich, showman, walkman.*

2. PUNTUACIÓN. USOS MÁS FRECUENTES DE LOS SIGNOS DE PUNTUACIÓN

SIGNOS	REGLAS DE PUNTUACIÓN
Punto (.) El punto se utiliza para señalar en la escritura la mayor pausa que se realiza al hablar, puesto que indica el final de un enunciado.	• Al final de cada enunciado. • Después de las abreviaturas. Ej.: *Sr. D.* (señor don). • Para separar las horas de los minutos; también pueden usarse los dos puntos. Ej.: *Son ya las 12.30 / 12:30.* No se escribe punto en los números de más de tres cifras. Ej.: *Este coche vale 60 000 euros.*
Dos puntos (:) Este signo representa en la escritura una pausa intermedia entre la del punto y la coma.	• En los saludos de las cartas y en los escritos oficiales, después de las palabras *expone, suplica, declara...*; y de las abreviaturas: *Fdo.:* (firmado), *P.D.:* (postdata): *Muy Sr. mío: Tengo el deber...* • Cuando se anuncia una enumeración. Ej.: *Las provincias aragonesas son tres: Huesca, Zaragoza y Teruel.* • En las citas textuales: *Arquímedes dijo: "Dadme una palanca y moveré el mundo".*
Puntos suspensivos (...) Representan una pausa para expresar una interrupción en el enunciado o un final impreciso.	• Cuando se deja en suspenso, sin terminar, una frase: *Como dice el refrán "más vale pájaro en mano...".* • En las enumeraciones incompletas: *Los determinantes son: el artículo, los demostrativos, posesivos...* • Cuando se cita textualmente a otro autor y se omite parte del texto, esta omisión se hace constar mediante puntos suspensivos entre paréntesis (...) o corchetes [...].
Coma (,) La coma representa en la escritura una pausa breve, dentro del enunciado, que se hace al hablar.	Se escribe coma: • En el nombre en vocativo: *Juan, alcánzame la regla.* • Para separar palabras o frases que forman una enumeración o serie si no van unidas por las conjunciones *y, o, ni*: *Los determinantes adjetivos determinativos son: demostrativos, posesivos, numerales, indefinidos, interrogativos y exclamativos.* • Se escriben entre comas las expresiones *esto es, al parecer, por consiguiente, sin embargo* y otras parecidas: *Luis, al parecer, ha dejado el colegio.* • Para limitar una aclaración o ampliación que se inserta en la oración: *Don Ramón, nuestro director, ha sido nombrado alcalde.* • Cuando se invierte el orden normal de la oración y se antepone la expresión que indica una circunstancia de lugar, tiempo, modo, condición, etcétera: *Si no te hubiéramos esperado, te habrías quedado solo.* • Delante de los nexos adversativos, consecutivos y causales: Ej.: *Iremos todos juntos, pero cogeremos el tren.* • En el lugar donde va el verbo que se omite en la oración. Ej.: *La niña, de princesa.* • En un número, para separar la parte entera de la parte decimal. Ej.: Vale 22,50 euros.

Punto y coma (;) El punto y coma representa una pausa intermedia entre la del punto y la de la coma.	• Se escribe punto y coma para separar períodos de cierta extensión, relacionados por el sentido, cuando alguno de ellos lleva ya alguna coma: *Ante esta situación sólo puedes hacer dos cosas: una, contarle toda la verdad a tu padre y pedirle el dinero para pagar la multa; dos, ponerte a trabajar los fines de semana, reunir el dinero y hacer frente tú solo a este problema.* • Se pondrá punto y coma ante las conjunciones y locuciones conjuntivas *pero, sin embargo, no obstante,* etcétera, cuando lo que antecede es de cierta extensión: *Os dejé con la mesa puesta, siento sinceramente la faena que os hice, y sabéis la ilusión que me hacía cenar con vosotros; pero me dejó el coche tirado y tuve que llamar a la grúa.*
Signos de interrogación (¿?) y **exclamación** (¡!)	• Los signos de interrogación, al principio y al final de una frase interrogativa. • Los signos de exclamación, al principio y al final de una frase que expresa una emoción cualquiera. *—¿Cómo has hecho la pajarita de papel?* *—¡Qué tontería! Observa qué fácil es.* Después de los signos de interrogación y de exclamación nunca se pone punto.
Paréntesis ( ) Encierran oraciones, frases, palabras, cifras, etc. aclaratorios.	• En datos aclaratorios. Ej.: *Veraneo en Isla Cristina (Huelva).* • En acotaciones teatrales.
Comillas (« »)	• Cuando se cita literalmente a otro autor, y al referirse a los apartados y capítulos de un libro y a los artículos de prensa. Ej.: *En el capítulo «Las setas» encontrarás un buen modo de reconocer aquéllas que son comestibles.* • Si empleamos una palabra en sentido impropio, irónico, etcétera. Ej.: «Pofesor», *me han llamado* «chivato». • Cuando empleamos palabras extranjeras no adaptadas al castellano. Ej.: *Juan María se cree un «yuppie».* • Reproducen una cita textual. Ej.: *Lo dije muy claramente: «yo no voy a esa boda», y todos los oísteis.*
Raya (–)	• Al iniciarse en un diálogo los parlamentos de los personajes y cuando el narrador interviene concretando algo, este texto va entre rayas. *—¿Como estás? —preguntó nervioso.* *—Bien —respondió tranquilo— ¿por qué voy a estar mal?* • En las aclaraciones que se hacen en el diálogo entrecomillado, en las citas textuales y en los pensamientos. *Juan pensaba para sus adentros: "Yo no tengo nada que ocultar —y repetía— nada, nada".*

Guión (-)	• Indica la división silábica al final de línea. Ej.: *ca-rre-te-ra* • Separa los miembros de palabras compuestas. Ej.: *histórico-artístico* • Une palabras con valor de enlace similar a la preposición o conjunción. Ej.: *Las relaciones Iglesia-Estado se han deteriorado.* • Relaciona letras y números. Ej.: *Ha ocurrido un grave accidente en la S-30 entre un Audi A-4 y un Citroen C-5.* • Indica que una letra o grupo de letras forma parte de una palabra. Ej.: *Las palabras que empieza por geo-, gen- se escriben con g.*

3. USO DE LAS MAYÚSCULAS

Se escribe mayúscula inicial:

— Al inicio de un escrito y después de punto.

— Los nombres propios y apellidos de persona *(Rodrigo, Alfonso)*, de animales *(Babieca, Platero)* y de cosas famosas *(Colada, Tizona)*.

— Los atributos divinos: *Altísimo, Señor, Redentor, Cordero, la Virgen María.*

— Los títulos y nombres de dignidades: *Sumo Pontífice, Presidente del Gobierno.*

— Los sobrenombres y apodos: *Cid Campeador, Jaime el Conquistador, Juan el "Manitas".*

— Los tratamientos se escriben con mayúscula si van en abreviatura; en otro caso es preferible escribirlos con minúscula: *señor (Sr.), usted (Ud.), doctor (Dr.).*

— Los nombres y adjetivos que componen una institución o corporación: *Real Academia Española, Universidad de Santiago de Compostela, Asociación de Jóvenes Minusválidos, Partido Ecologista.*

— En los títulos de obras artísticas: literarias, cinematográficas, etcétera, sólo se escribirá mayúscula la primera letra y los nombres propios que contenga: *Los santos inocentes, Los milagros de Nuestra Señora, La guerra de las galaxias.*

— Los números romanos: I (=1); V (=5); L (=50); C (=100); D (=500); M (=1.000). Así, se escribirán: *1999 = MCMXCIX; 2002 = MMII.*

— Van en mayúscula los nombres propios de accidentes geográficos *(montes Pirineos, cabo de Gata, río Ebro)* y de países y ciudades; pero en minúscula los gentilicios con que se nombran a sus gentes: *Asia* y *asiático*; *Galicia* y *gallego*; *Almería* y *almeriense*.

— Las letras dobles (**ch, ll**) se escribirán sólo con mayúscula la primera letra: *Chueca, Llovet.* La **rr** nunca puede ir al principio de la palabra en castellano.